Luan Ferr

Espiritualidad Cósmica
Conectando con Seres de Luz para el
Despertar del Alma

**Derechos de autor**
Título Original: Espiritualidade Cósmica
Copyright © 2023, publicado en 2024 por Luiz Antonio dos Santos ME.

Este libro explora las prácticas espirituales, la meditación y la conexión con las energías cósmicas, proporcionando una guía para el autoconocimiento y la expansión de la conciencia. Pretende inspirar el desarrollo personal y espiritual, pero no sustituye la orientación médica, psicológica o terapéutica.

**Espiritualidad cósmica**
**Segunda edición**
**Equipo de producción de la segunda edición**
Autor: Luan Ferr
Revisión: Virginia Moreira dos Santos
Diseño gráfico y maquetación: Arthur Mendes da Costa
Cubierta: Anderson Casagrande Neto
Traducción: Carlos Gómez

**Publicación e Identificación**
Espiritualidad Cósmica / Por Luan Ferr
Ediciones Ahzuria, 2024
Categorías: Cuerpo, Mente y Espíritu / Espiritualidad
DDC: 158.1 - CDU: 613.8
**Copyright**
Todos los derechos reservados a:
**Editorial Booklas/ Luiz Antonio dos Santos ME**

Este libro no puede ser reproducido, distribuido o transmitido, total o parcialmente, por cualquier medio, electrónico o impreso, sin el consentimiento expreso del titular del copyright.

# Contenido

Prólogo ........................................................................................ 5
1 Espiritualidad Cósmica ........................................................ 10
2 Enseñanzas y Filosofía Cósmica.......................................... 13
3 Prácticas de Meditación ...................................................... 16
4 La comunicación con los Seres de Luz............................... 22
5 Aplicaciones de la Espiritualidad Cósmica......................... 29
6 Autodescubrimiento y Autoconocimiento ......................... 35
7 Transformación emocional y sanación interior.................. 42
8 Intuición y habilidades psíquicas ........................................ 46
9 Expansión de la conciencia individual................................ 55
10 Virtudes y Valores de los Seres de Luz ............................ 60
11 El Poder Transformador del Cubo de Luz ....................... 64
12 Fundamentos de la Meditación Cósmica ......................... 68
13 Meditación para la Conexión con la Fuente..................... 71
14 Profundizar la conexión .................................................... 74
15 Meditación de la Nave Estelar Cósmica .......................... 77
16 Integrar la meditación en la vida cotidiana ...................... 80
17 El Yo Superior ................................................................... 86
18 Técnicas de comunicación ................................................ 90
19 Canalización y mensajes ................................................... 93
20 Guía Espiritual y Crecimiento Personal............................ 97
21 Co-creación con el Yo Superior...................................... 111
22 Principios Energéticos..................................................... 115
23 Ejercicios de Alineación Energética ............................... 124
24 Curación y equilibrio ...................................................... 130

25 Centros de energía ............................................................... 148
26 Alineación energética y estilo de vida ................................ 154
27 Manifestación consciente ................................................... 169
28 Visualización creativa ........................................................ 173
29 Potenciar la manifestación ................................................. 178
30 Co-creación Alineada ......................................................... 185
31 Niveles de conciencia ......................................................... 190
32 Expansión de la conciencia ................................................ 193
33 Dimensiones Superiores y Seres de Luz ............................ 198
34 ADN Espiritual .................................................................. 202
35 Integrando la Expansión de Conciencia ............................. 206
36 Armonía de la Naturaleza con el Universo ........................ 212
37 Relaciones .......................................................................... 215
38 Servicio a los demás ........................................................... 219
Agradecimientos ..................................................................... 222

# Prólogo

La espiritualidad es una característica intrínseca de la condición humana. Desde su nacimiento, todo ser siente inconscientemente un vacío que sólo puede ser llenado por algo más grande que él mismo. Esta búsqueda de lo trascendente es universal, pero la diversidad de experiencias, culturas y pensamientos hace difícil identificar un único camino como «el correcto». Con tantas formas de fe y espiritualidad disponibles, el reto es encontrar la que resuene con la esencia de cada individuo.

El ser humano, en esencia, es el resultado de una multitud de variantes, lo que le hace único en sus percepciones y comprensiones. Lo que a una persona puede parecerle natural y obvio, a otra puede parecerle incomprensible o incluso absurdo. Del mismo modo que no es posible que una única perspectiva abarque todas las formas de pensar y sentir, tampoco es razonable suponer que exista una única forma de espiritualidad capaz de atender a la diversidad de la conciencia humana.

Tras amplios estudios, consultas con maestros de diferentes tradiciones y confrontaciones de ideas basadas en la investigación y la experiencia, ha surgido una conclusión esencial: todas las formas de espiritualidad que conocemos representan sólo una pequeña fracción de la inmensidad de la Conciencia Universal. Estas formas son manifestaciones que la conciencia mayor, o Fuente Divina, ha encontrado para establecer una conexión con los seres humanos, adaptándose a los límites de la comprensión de cada persona. Dividiéndose en innumerables facetas, esta conciencia se amolda a las particularidades humanas, ofreciendo caminos que nos guían en nuestro viaje de autodescubrimiento.

Dentro de este vasto campo espiritual, los Seres de Luz desempeñan un papel fundamental. Estos seres altamente evolucionados habitan en dimensiones superiores y ofrecen a la humanidad guía y apoyo en su viaje espiritual. Desde los tiempos más remotos, cuando los antepasados de la humanidad aún habitaban en cuevas, los Seres de Luz ya estaban presentes, ayudando al desarrollo de la conciencia humana. Las pinturas rupestres, como las de la cueva de Chauvet en Francia, que datan de hace 36.000 años, sugieren una profunda conexión espiritual que ya existía en aquella época.

A lo largo de la historia, los Seres de Luz han sido reconocidos de diferentes maneras, dependiendo de la capacidad de cada cultura para interpretarlos. De ángeles a dioses, sus manifestaciones han variado, pero su esencia sigue siendo la misma: son guías cósmicos que ayudan a la humanidad a comprender su conexión con la Fuente Divina y la interconexión universal. Hoy, estudiosos y practicantes prefieren llamarlos simplemente Seres de Luz, reconociendo en ellos una expresión universal de amor, compasión y sabiduría.

Estos seres no sólo observan, sino que ayudan activamente en la evolución espiritual de la humanidad. A través de canalizaciones, experiencias personales y encuentros trascendentales, muchas personas afirman sentir su presencia, que aporta paz, guía y sanación. Su sabiduría trasciende los límites del tiempo y el espacio, ofreciendo enseñanzas que conectan a los seres humanos con la vasta red energética del cosmos.

La Espiritualidad Cósmica es un enfoque que une las diversas formas de fe en un modelo integrado, basado en principios como el amor incondicional, la compasión y la interconexión. Reconocer que todos los seres están conectados por una red energética universal es el primer paso para comprender la dimensión de la conciencia cósmica y el papel de los Seres de Luz.

En este contexto, prácticas como la meditación, la introspección y el autodesarrollo son herramientas indispensables para expandir la conciencia. La meditación, por ejemplo, no sólo calma la mente, sino que abre portales a dimensiones superiores, permitiendo experimentar estados de paz y claridad. Estas prácticas ayudan a alimentar la chispa divina que reside en tu interior, conectándote con el flujo infinito de energía cósmica.

Otro aspecto fundamental es la búsqueda del equilibrio y la armonía. La Espiritualidad Cósmica enfatiza la importancia de alinear cuerpo, mente y espíritu, promoviendo una vida equilibrada que honre tanto las necesidades materiales como las espirituales. Este enfoque holístico también incluye la valoración de la naturaleza como parte esencial de esta conexión universal.

La transformación espiritual es inseparable de la curación interior. Las técnicas de sanación energética, como las que enseñan los Seres de Luz, ayudan a liberar patrones negativos y a despertar el poder innato de sanación que existe dentro de cada uno de nosotros. Al abrazar la transformación, te liberas de las limitaciones y expandes tu potencial, permitiendo que tu conciencia florezca a niveles superiores.

Este libro es una invitación para que te embarques en un viaje de expansión de tu conciencia y conectes con la sabiduría ancestral de los Seres de Luz. Explorando las enseñanzas y prácticas aquí presentadas, tendrás la oportunidad de descubrir nuevas dimensiones de ti mismo y del universo. Abre tu mente y tu corazón a esta experiencia, permitiendo que las palabras y enseñanzas de los Seres de Luz te guíen hacia una comprensión más profunda de la vida y de la inmensidad de la conciencia cósmica.

Que este viaje inspire el despertar de tu verdadera esencia y revele la infinita belleza de tu conexión con el cosmos.

# 1
# Espiritualidad Cósmica

Los Seres de Luz son entidades cósmicas fascinantes que despiertan la curiosidad y la admiración de quienes buscan explorar la espiritualidad. Este libro profundiza en los orígenes y características únicas de estos seres, explicando quiénes son y cuál es su papel en la espiritualidad en general.

Los Seres de Luz son una civilización muy evolucionada cuya sabiduría y conocimientos trascienden las fronteras del espacio y del tiempo. Se cree que han alcanzado un estado de conciencia tan avanzado que son capaces de acceder a dimensiones superiores, conectando con la sabiduría cósmica y la Fuente de todo lo que existe. Su acceso interdimensional les permite sumergirse en dimensiones inferiores para ayudar en la evolución espiritual de seres de menor luz, como los humanos.

Una de las características más llamativas de los Seres de Luz es su profunda conexión con la energía de la Luz. Son conocidos por su elevada vibración energética y su capacidad para irradiar amor incondicional. Esta radiación se considera sanadora y transformadora, capaz de despertar la conciencia y promover la curación física, emocional y espiritual.

Son seres extremadamente compasivos y altruistas. Su esencia está impregnada de un profundo sentido del servicio a los demás y del amor universal. Creen en la importancia de contribuir al bienestar colectivo, así como en la capacidad de cada persona para manifestar su máximo potencial dentro de las limitaciones que permite la condición humana.

Los Seres de Luz también son conocidos por su sabiduría y conocimiento. Poseen una profunda comprensión de los principios universales y de las leyes que rigen el cosmos. A través de la meditación y la conexión con la sabiduría cósmica, podrás recibir percepciones y revelaciones que te ayudarán en tu despertar espiritual y crecimiento individual.

Otra característica interesante de los Seres de Luz es su capacidad para comunicarse telepáticamente. Son expertos en transmitir y recibir información a través de la mente, sin necesidad de palabras o lenguaje verbal. Esta forma de comunicación sutil permite el intercambio de conocimientos y enseñanzas directas, facilitando la transmisión de mensajes, sabiduría y guía espiritual.

En la Espiritualidad Cósmica, la conexión con los Seres de Luz se busca a menudo para la curación, la orientación y la expansión de la conciencia. Pueden manipular la energía curativa para trabajar en el restablecimiento del equilibrio energético y la activación del ADN espiritual.

Conocer el origen y las características de los Seres de Luz es sólo el primer paso en el viaje de exploración de la espiritualidad. A lo largo de este libro profundizaremos en sus enseñanzas, prácticas de meditación, comunicación, aplicación en la vida cotidiana, autodescubrimiento, transformación emocional, desarrollo de la intuición, expansión de la conciencia individual, entre otros temas.

Prepárese para ser encantado por la sabiduría de los Seres de Luz, permitiendo que su presencia ilumine su camino espiritual, abriendo nuevos horizontes de crecimiento y despertar.

# 2
# Enseñanzas y Filosofía Cósmica

Bienvenido a la sabiduría de los Seres de Luz, una filosofía basada en una profunda comprensión de las leyes universales y de la naturaleza multidimensional de la existencia. Serás conducido a las profundidades de las enseñanzas y, al hacerlo, abrirás las puertas a un viaje transformador de autodescubrimiento y crecimiento espiritual.

Los Seres de Luz reconocen la naturaleza interconectada de todas las cosas y entienden que cada uno de nosotros es un co-creador activo de nuestra propia realidad. Esta filosofía es compartida por muchas otras tradiciones espirituales y nos invita a ver más allá de los límites de la mente humana. Es una invitación a elevar la conciencia y expandir la comprensión más allá de los velos cotidianos.

En tu viaje espiritual, los Seres de Luz te guían para que mires en tu interior. Te enseñan que el verdadero poder reside en tu interior y que la clave de la felicidad y la plenitud reside en reconocer y cultivar tu esencia divina. A lo largo de este proceso, te invitan a explorar patrones de pensamiento, emociones y creencias limitantes, liberándote de lo que ya no te sirve y dejando espacio para la plena expresión de lo que eres.

La práctica de la autotransformación es uno de los aspectos fundamentales de las enseñanzas de los Seres de Luz. En esta inmersión interior, encuentras un terreno fértil para cultivar cualidades como el amor, la compasión, la gratitud y el perdón. Estas virtudes son fundamentales para nutrir y fortalecer tu ser espiritual, guiándote hacia la conciencia expandida.

Asumir la responsabilidad personal es uno de los pilares de la filosofía cósmica. Tú eres el creador de tu realidad y tus elecciones tienen un impacto significativo en el todo. A través del autodominio, te vuelves capaz de elegir sabiamente las experiencias que vives, elevando el nivel vibracional de tu ser y de todo lo que te rodea.

Conectar con la Fuente (la energía divina que lo crea todo y que algunos llaman Dios) es el aspecto central del viaje Cósmico. Los Seres de Luz te invitan a reconectar con esta energía a través de prácticas meditativas y momentos de contemplación explicados a lo largo del libro. Al abrirte a recibir guía e inspiración de la fuente, estableces un profundo vínculo con ella que te sirve de guía a lo largo de tu viaje espiritual.

Cultivar la conciencia del momento presente es otra valiosa enseñanza de los Seres de Luz. Te invitan a ir más despacio y a estar plenamente presente en tus experiencias cotidianas. Es en este momento mágico y único donde encuentras la verdadera paz interior y la plenitud de la existencia.

A medida que profundizas en las enseñanzas y la filosofía cósmica, se convierte en una fuente inagotable de inspiración y guía, una invitación a expandir la conciencia, cultivar la sabiduría interior y vivir en armonía con los principios universales. A medida que continúes en este viaje, descubrirás que la sabiduría de los Seres de Luz es una bendición que te acompañará a lo largo de tu vida, abriéndote caminos de luz y despertar espiritual.

# 3
## Prácticas de Meditación

La meditación desempeña un papel fundamental en la Espiritualidad Cósmica, permitiendo el acceso a dimensiones superiores, reconectándote con la sabiduría cósmica para que experimentes una profunda transformación interior.

Una de las prácticas de meditación más utilizadas en la Espiritualidad Cósmica es la meditación de conexión con la Fuente. Esta práctica consiste en retirarse a un espacio tranquilo y silencioso donde puedas dirigir tu atención hacia el interior, conectando con la energía divina que impregna el universo. A medida que te abres a recibir esta energía amorosa y transformadora, sientes una profunda sensación de paz, claridad y conexión con tu yo más elevado.

Con fines didácticos, presento una de las formas de llevar a cabo la meditación que pueden practicar los principiantes.

Busca un lugar tranquilo donde puedas sentarte cómodamente. Puede ser en una silla o en el suelo, lo importante es encontrar una posición en la que te sientas relajado.

Cierra los ojos suavemente y empieza a centrar tu atención en la respiración. Observa el flujo natural de la respiración, sin intentar alterarlo. Concéntrate en la sensación del aire que entra y sale de tu cuerpo.

A medida que seas más consciente de tu respiración, deja que los pensamientos se disuelvan suavemente. Cuando surjan, no te preocupes, déjalos pasar sin aferrarte a ellos. Vuelve a prestar atención a tu respiración cada vez que te distraigas.

Cuando te sientas más tranquilo, imagínate rodeado de una luz brillante y amorosa. Visualiza esta luz como la energía de la Fuente, esta energía divina está a tu disposición. Siente la energía amorosa impregnando todo tu ser.

Ábrete a recibir esta energía amorosa y transformadora. Permítete sentir una profunda sensación de paz, claridad y conexión con tu yo más elevado. Permanece en este estado de apertura y receptividad todo el tiempo que desees.

Cuando estés listo para terminar la meditación, vuelve gradualmente a centrar tu atención en tu cuerpo físico y en el entorno que te rodea. Abre suavemente los ojos. Tómate unos momentos para reorientarte antes de continuar con tus actividades diarias.

Otra práctica de meditación en la Espiritualidad Cósmica es la meditación de activación del ADN espiritual. En esta meditación, debes concentrarte en visualizar tu estructura de ADN bañada en una luz Cósmica sanadora y purificadora. Esta luz actúa como un activador, despertando el potencial dormido dentro de ti, permitiéndote acceder a niveles superiores de conciencia.

En la Espiritualidad Cósmica, la meditación también se utiliza como una herramienta para la curación y el equilibrio. Puedes dirigir tu atención a las zonas del cuerpo que necesitan curación, visualizándolas llenas de luz y amor cósmicos. Esta práctica libera bloqueos energéticos, promueve la curación física y emocional y restablece el equilibrio en todos los niveles del ser.

Los Seres de Luz enseñan la meditación de la conexión. En esta práctica, abres tu corazón y tu mente para recibir guía y percepciones tanto de los Seres de Luz como de otras entidades superiores. Puedes dirigir tus pensamientos e intenciones para establecer una comunicación telepática con estos seres, permitiendo que te lleguen sus mensajes de sabiduría y amor.

Con fines didácticos, aquí tienes una descripción de cómo debes hacer la meditación de conexión con los Seres de Luz.

Busca un espacio tranquilo donde puedas sentarte cómodamente y concentrarte. Asegúrate de que no te interrumpan durante la meditación.

Cierra los ojos suavemente y empieza a respirar profundamente, permitiendo que tu cuerpo se relaje con cada exhalación. Concéntrate en relajar los músculos y liberar cualquier tensión que puedas sentir.

Lleva tu atención al corazón. Visualízalo abriéndose como una flor, irradiando luz y amor. Siente la sensación de calor y expansión en el pecho al conectar con la energía amorosa que hay en ti.

Establezca mentalmente la intención de conectar con los Seres de Luz, incluidas otras entidades elevadas. Siéntete abierto y receptivo a su presencia y guía.

A medida que tu mente se calme, concéntrate en enviar pensamientos e intenciones a estos seres. Visualiza que se forma una conexión telepática, como una línea de comunicación clara y brillante entre tú y los Seres de Luz.

Ahora permite que los mensajes, la guía y las percepciones fluyan hacia ti. Esté abierto a recibir cualquier imagen, palabra, sentimiento o conocimiento intuitivo que pueda surgir. Confía en tu intuición y en la sabiduría de los Seres de Luz.

Permanece en este estado de conexión y recepción tanto tiempo como desees, absorbiendo las energías y la información que se transmiten.

Cuando estés listo para terminar la meditación, agradece a los Seres de Luz su presencia y guía. Lentamente, vuelve a centrar tu atención en tu cuerpo físico y en el entorno que te rodea. Abre suavemente los ojos y tómate un momento para reorientarte antes de volver a tus actividades cotidianas.

En la Espiritualidad Cósmica, la meditación es también una oportunidad para desarrollar la intuición y las habilidades psíquicas. Al sintonizar con tu esencia divina, accedes a información y percepciones más allá de los límites de la mente racional. Puedes practicar la meditación de expansión de la intuición, abriéndote a percepciones y guías intuitivas que te ayuden en tu viaje espiritual y en tus elecciones diarias.

Una práctica importante en la meditación Cósmica es encarnar los valores y virtudes de los Seres de Luz. Tómate un tiempo durante tu meditación para reflexionar sobre cualidades como el amor, la compasión, la gratitud, la armonía y la paz, y sobre cómo incorporarlas a tu vida. Esta práctica alinea tu energía con la energía Cósmica, ayudándote a vivir en armonía con los altos principios espirituales.

La Meditación sobre la Espiritualidad Cósmica es un viaje de autodescubrimiento, sanación y expansión de la conciencia. A medida que profundizas en estas prácticas meditativas, te abres a un universo de posibilidades y transformaciones. La meditación te permite acceder a la sabiduría de los Seres de Luz, integrando la luz Cósmica en tu vida diaria, despertándote a tu verdadera naturaleza divina.

Es importante destacar que a lo largo del libro encontrarás información complementaria que te ayudará a comprender estos temas, por ahora la enseñanza está siendo dosificada, como una medicina. Este método garantiza que al final del libro tu comprensión de las técnicas de meditación y sus aplicaciones será completa.

# 4
# La comunicación con los Seres de Luz

En la Espiritualidad Cósmica, la comunicación con los Seres de Luz desempeña un papel importante en la búsqueda de la sabiduría y la guía cósmicas. Los Seres de Luz son seres altamente evolucionados que ofrecen conocimiento y asistencia a aquellos que están abiertos a recibir sus mensajes. Conozca las diferentes formas de comunicarse con los Seres de Luz y las diferentes maneras de conectar con ellos.

Una de las formas más comunes de comunicarse con los Seres de Luz es a través de la telepatía. Los Seres de Luz tienen la extraordinaria capacidad de comunicarse directamente a través del pensamiento. Pueden transmitir mensajes, percepciones y orientación directamente a tu mente, sin necesidad de palabras. Para establecer esta comunicación telepática, es importante abrir la mente y el corazón, ser receptivo y cultivar un estado de calma y paz interior.

Aunque la telepatía no es una capacidad humana natural, puedes entrenar tu mente para recibir percepciones, para abrir gradualmente este campo de comunicación.

He aquí un ejercicio que te ayuda a desarrollar habilidades de comunicación telepática para abrirte a percepciones y mensajes de los Seres de Luz.

Busca un lugar tranquilo y cómodo donde puedas sentarte tranquilamente. Asegúrate de que no te interrumpan durante el ejercicio.

Cierra los ojos y empieza a relajar el cuerpo y la mente con respiraciones profundas. Inhala profundamente por la nariz, reteniendo la respiración brevemente, y luego exhala por la nariz, liberando cualquier tensión o preocupación.

Concéntrese en relajar la mente, dejando ir los pensamientos cotidianos y las preocupaciones. Imagina que una luz suave y tranquilizadora envuelve tu mente, aportando claridad y serenidad.

Visualiza una conexión entre tu mente y las mentes de los Seres de Luz. Visualiza que se establece una línea de comunicación clara y brillante que conecta tu mente con la de ellos.

Mientras mantienes esta visualización, afirma mentalmente tu intención de abrirte a recibir percepciones, mensajes y guía. Mantente abierto y receptivo a recibir esta información con amor y gratitud.

Comienza a aquietar tu mente para entrar en un estado de receptividad. Permita que surjan pensamientos e imágenes, sin juzgarlos ni intentar controlarlos. Esté abierto a recibir cualquier forma de comunicación telepática.

Mantenga una actitud de paciencia, persistencia y confianza en el proceso. Recuerde que el desarrollo de la comunicación telepática es un proceso gradual, así que sea amable consigo mismo y esté dispuesto a practicar con regularidad.

Tras unos minutos de silencio y receptividad, agradezca a los Seres de Luz la conexión y la información que hayan podido transmitirle. Exprese su gratitud por su presencia y guía.

Vuelva lentamente la atención a su entorno. Abra suavemente los ojos y tómese un momento para reorientarse antes de continuar con sus actividades diarias.

Recuerde que desarrollar la comunicación telepática requiere práctica y perseverancia. Al principio sólo te darás cuenta de frases y palabras sueltas, pero a medida que sigas trabajando en esta habilidad, notarás una mayor sensibilidad en las percepciones y orientaciones que surgen en tu mente.

Otra forma de comunicarse con los Seres de Luz es a través de los sueños y las visiones. Durante el sueño, o en estados de meditación profunda, recibes mensajes simbólicos, imágenes o experiencias que te conectan con la energía Cósmica. Estos mensajes contienen percepciones, orientación para tu viaje espiritual o respuestas a preguntas específicas que estás buscando. Es importante recordar registrar e interpretar estos sueños y visiones, ya que pueden contener valiosas enseñanzas.

Los Seres de Luz también pueden comunicarse a través de sensaciones y percepciones intuitivas. Puedes sentir una presencia amorosa y pacífica a tu alrededor, o experimentar una sensación de calidez y consuelo en momentos de necesidad. Estas sensaciones son señales de que los Seres de Luz te están envolviendo con su energía, transmitiéndote mensajes de apoyo y aliento. Es importante confiar en tu intuición y estar abierto a las percepciones sutiles.

La escritura automática es otra técnica que puede utilizarse para comunicarse con los Seres de Luz. En esta práctica, permites que tus manos se muevan libremente sobre el papel, escribiendo mensajes intuitivos sin el control consciente de la mente. Esta técnica permite que la sabiduría y las enseñanzas de los Seres de Luz fluyan a través de ti, ofreciéndote profundas percepciones y revelaciones.

Pero para fines didácticos, he aquí un método que te ayuda a desarrollar la práctica de la escritura automática, permitiéndote comunicarte con los Seres de Luz.

Elige un momento y un lugar tranquilos donde puedas concentrarte en la práctica de la escritura automática. Asegúrate de tener lápiz y papel a mano.

Siéntate cómodamente, relaja tu cuerpo y tu mente con unas cuantas respiraciones profundas. Olvídate de las distracciones y preocupaciones cotidianas.

Concéntrate en establecer una conexión con los Seres de Luz. Puedes hacerlo visualizando o afirmando tu intención de comunicarte con ellos a través de la escritura automática. Pide guía y sabiduría durante el proceso.

Coge el bolígrafo y empieza a escribir en el papel sin pensar conscientemente en las palabras o en su significado. Deja que tus manos se muevan libremente, siguiendo el flujo intuitivo. No te preocupes por la letra, la ortografía o la gramática. La intención es dejar que la información fluya de forma espontánea e intuitiva.

Mantén la mente relajada y receptiva. Esté abierto a recibir mensajes, percepciones y revelaciones de los Seres de Luz. No intentes controlar o dirigir el proceso. Confía en la sabiduría y la guía transmitidas.

Mientras escribes, presta atención a cualquier sentimiento, imagen o intuición que pueda surgir en tu conciencia. Pueden ser información adicional o pistas sobre la comunicación que has recibido.

Sigue escribiendo hasta que sientas que la comunicación ha llegado a su fin. Esto puede ser una señal intuitiva o simplemente una sensación de finalización. Agradece a los Seres de Luz su comunicación y guía.

Cuando hayas terminado, tómate un momento para leer y reflexionar sobre lo que has escrito. Estos mensajes pueden contener profundas percepciones y revelaciones sobre ti, tu viaje espiritual o tus enseñanzas.

Recuerda que la escritura automática requiere práctica y paciencia. Es posible que no todas las sesiones de escritura automática den como resultado mensajes claros y significativos. Sin embargo, a medida que continúes practicando y profundizando tu conexión con los Seres de Luz, la calidad y claridad de los mensajes mejorará.

Al abrirse a la comunicación con los Seres de Luz, es esencial cultivar un estado de confianza, humildad y gratitud. Es importante recordar que esta comunicación es un regalo y una oportunidad para tu crecimiento espiritual. A medida que te conectes más profundamente con los Seres de Luz, sentirás su presencia amorosa con más fuerza y recibirás sabiduría trascendental, lo que ayuda a tu evolución espiritual y a la expansión de tu conciencia.

# 5
# Aplicaciones de la Espiritualidad Cósmica

La Espiritualidad Cósmica no es sólo un viaje de descubrimiento y crecimiento interior, también puede aplicarse de forma práctica y significativa en tu vida diaria.

Una de las aplicaciones más importantes de la Espiritualidad Cósmica es la práctica de la gratitud. Los Seres de Luz nos enseñan a apreciar y valorar cada aspecto de la vida, desde las cosas más pequeñas hasta las mayores bendiciones. Al cultivar una actitud de gratitud, abres una perspectiva positiva y abundante, reconociendo la belleza y la generosidad del universo. Puedes expresar tu gratitud a diario, ya sea mediante afirmaciones, anotaciones en un diario o simplemente deteniéndote a reconocer las bendiciones presentes en tu vida. Mira a tu alrededor, estás vivo, ¿no es una gran razón para dar las gracias?

Otra aplicación de la Espiritualidad Cósmica es la práctica de la compasión y el amor incondicional. Los

Seres de Luz irradian energía de amor puro y animan a todos a extender este amor a sí mismos y a los demás. Puedes practicar la compasión reconociendo tu humanidad compartida, tratando a los demás con amabilidad, empatía y respeto. Esto incluye no sólo a las personas cercanas, sino también a los extraños, los animales o el propio planeta. Al vivir con compasión, contribuyes a crear un mundo más armonioso y amoroso.

La búsqueda del equilibrio diario es otra aplicación importante de la Espiritualidad Cósmica. Los Seres de Luz enseñan que es importante equilibrar todas las áreas de la vida física, emocional, mental y espiritual. Puedes buscar el equilibrio a través de prácticas como el autocuidado, la meditación (ya explicada en páginas anteriores), el ejercicio físico regular, la búsqueda de momentos de tranquilidad o un estilo de vida saludable. Al priorizar el equilibrio, te vuelves más resistente, refuerzas la conexión con tu esencia espiritual y vives con más armonía y plenitud.

La Espiritualidad Cósmica también te invita a vivir con autenticidad, expresando tu verdad interior. Los Seres de Luz nos recuerdan que cada persona tiene dones, talentos y propósitos únicos. Al explorar y honrar estas cualidades, te alineas con tu verdadera esencia y contribuyes al mundo de forma significativa. Esto implica escuchar a la intuición, seguir a tu corazón y tener el valor de ser auténtico en todos los ámbitos de la vida. Al vivir tu verdad, inspiras e influyes positivamente en todos los que te rodean.

Este modelo de espiritualidad también anima a vivir el presente. En lugar de quedarte atascado en el pasado o preocuparte por el futuro, este enfoque te invita a estar plenamente presente en el momento presente. Recuerda que el pasado no puede cambiarse, mientras que el futuro es siempre incierto. Los Seres de Luz te enseñan a conectar con el momento presente cultivando la conciencia y la atención plena. Puedes hacerlo a través de la práctica de la meditación, observando conscientemente tus pensamientos y emociones, o simplemente apreciando los pequeños momentos de alegría y belleza que ocurren en tu vida diaria.

He aquí una forma de practicar la atención plena: reflexionando sobre el presente.

Practicar la atención plena puede transformar la forma en que afrontamos a diario las situaciones difíciles. Un ejemplo sencillo y eficaz es reflexionar sobre el presente y observar tus reacciones emocionales con más atención y claridad.

Es natural sentirse irritado cuando oyes algo que no te gusta. Sin embargo, esta reacción instintiva puede ser una oportunidad para ejercitar tu capacidad de analizar la situación de forma racional y equilibrada. Pregúntate: ¿es lo que se ha dicho realmente una razón válida para causar este malestar emocional? A menudo, al reflexionar, te darás cuenta de que la irritación no contribuye a la solución ni a tu bienestar.

Al adoptar esta postura reflexiva, tienes la oportunidad de evaluar el impacto real de la situación y elegir una respuesta más constructiva. Esta práctica no sólo mejora tu capacidad para afrontar los retos, sino que también reduce la tensión emocional innecesaria, promoviendo un estado de ánimo más sereno y productivo.

También es importante recordar que tu estado mental influye directamente en tu cuerpo. Las emociones intensas desencadenan la liberación de compuestos químicos en el cerebro, que pueden afectar a tu estado de ánimo y a tu bienestar físico. Por lo tanto, cultivar el hábito de observar y moderar tus reacciones emocionales no sólo mejora tu calidad de vida, sino que también favorece tu salud mental y física.

Al practicar mindfulness con regularidad, desarrollas una poderosa habilidad: la capacidad de elegir cómo respondes a las circunstancias, en lugar de reaccionar automáticamente. Este cambio puede ser la clave para vivir de forma más equilibrada, consciente y feliz.

Del mismo modo que podemos aprender a moderar nuestras reacciones ante los retos, es igualmente poderoso traer a la memoria momentos que despertaron alegría y gratitud. Piensa en un momento especial en el que hayas tenido motivos para sonreír, ya sea un encuentro significativo, un logro personal o un simple gesto de amabilidad que te haya alegrado el corazón. Cuando revives ese momento, tu mente entra de forma natural en un estado de gratitud, y este cambio de enfoque genera una oleada de bienestar que puede transformar tu día.

La gratitud es más que una emoción pasajera; es una forma de elevar tu vibración energética y fortalecer tu conexión con el presente. Cuando analizamos conscientemente qué motivó esa sonrisa, abrimos espacio para comprender nuestras emociones y pensamientos a un nivel más profundo. Este proceso nos anima a apreciar las pequeñas bendiciones de la vida, fomentando un sentimiento de plenitud que trasciende las circunstancias externas.

Esta práctica de búsqueda de gratitud también nos acerca a una dimensión espiritual más amplia, llamada Espiritualidad Cósmica. Al vivir en armonía con esta perspectiva, nos damos cuenta de que cada emoción, pensamiento y acción repercute en el todo universal. La gratitud, en este contexto, no sólo beneficia a tu estado mental y físico, sino que también refuerza tu conexión con la energía cósmica que impregna todo lo que nos rodea.

Al incluir la gratitud en tu práctica de mindfulness, conviertes los pequeños momentos en portales para la autorreflexión y el crecimiento espiritual. Esto crea un puente entre el mundo interior y la inmensidad del cosmos, ayudando a construir una vida de equilibrio, armonía y propósito. Recuerda: la gratitud no es sólo un sentimiento; es una elección consciente que puede guiar tu viaje hacia una existencia más conectada y enriquecedora.

Al aplicar la Espiritualidad Cósmica a tu vida diaria, transformas tu forma de vivir y experimentas una profunda conexión con el universo y con tu verdadero yo. La gratitud, la compasión, el equilibrio, la autenticidad y la presencia consciente son sólo algunas de las formas en que puedes incorporar las enseñanzas cósmicas a tu vida. A medida que continúes tu viaje a través de las páginas de este libro, explorarás más temas relacionados con la Espiritualidad Cósmica y descubrirás cómo expandir aún más tu conciencia viviendo en alineación con la sabiduría de los Seres de Luz.

# 6
# Autodescubrimiento y Autoconocimiento

En el viaje de la Espiritualidad Cósmica, el autodescubrimiento y el autoconocimiento juegan un papel fundamental. Al ir hacia dentro, exploras los recovecos de tu alma y descubres la verdadera esencia de tu ser. Así que sumérgete en el proceso de autodescubrimiento y sigue el camino del autoconocimiento a través de la sabiduría cósmica.

El autodescubrimiento es una invitación a explorar quién eres más allá de las capas superficiales de tu personalidad. Es una invitación a conectar con tu esencia espiritual, tu verdad interior y tus dones únicos. En la Espiritualidad Cósmica, cada individuo posee en su interior la chispa divina, una conexión directa con el universo y con la Fuente de todo lo que existe. Al conectar con esta chispa, abres la puerta a un profundo viaje de autodescubrimiento.

El viaje hacia el autodescubrimiento es un proceso profundo que requiere prácticas eficaces de introspección y autorreflexión. Entre estas prácticas se encuentra la «Perspectiva Divina», un poderoso enfoque que te invita a observar tus propios pensamientos y acciones desde un punto de vista elevado, imparcial y desapegado.

¿Qué es el método de la Perspectiva Divina? Este método consiste en adoptar una visión omnisciente, poniéndote simbólicamente en el lugar de una conciencia superior. Te permite analizar tu comportamiento y tus pensamientos con mayor claridad, como si estuvieras observando a otra persona en lugar de a ti mismo. La idea central es superar la tendencia humana a justificar o minimizar los propios defectos y limitaciones.

¿Por qué es necesaria la visión omnisciente? Porque cuando te observas a ti mismo, te enfrentas al hecho de que te conoces íntimamente: tus intenciones, miedos y justificaciones. A diferencia de un observador externo, no puedes ocultarte nada. Esta total transparencia hace imposible ignorar lo que hay que afrontar, exigiendo un nivel de honestidad que es la clave de la transformación.

Para facilitar esta práctica, imagina que eres Dios o una conciencia Divina y Omnisciente. Como esta conciencia superior, observas tus propias acciones, pero con una mirada neutral, libre de juicios emocionales o justificaciones. Este cambio de perspectiva te permite ver con mayor honestidad aspectos que a menudo ignoramos cuando analizamos nuestras acciones de forma convencional.

¿Cómo aplicar la Perspectiva Divina?

Visualización imparcial: Cierra los ojos e imagina que eres una entidad omnisciente, observando tu vida como si fuera una película. Visualiza tus acciones y pensamientos como si fueran llevados a cabo por otra persona.

Elimine la carga emocional que suele acompañar a la autorreflexión. Imagina que no tienes ningún vínculo emocional con las decisiones o comportamientos que estás evaluando.

Cuestiona tus acciones con imparcialidad. Por ejemplo: «¿Reflejan realmente estas elecciones los valores superiores que deseo seguir?» o «¿Cómo han repercutido estas acciones en las personas que me rodean?».

Identifica tanto los comportamientos constructivos como los que necesitan un ajuste. Utilice este análisis para elaborar un plan de acción de mejora continua.

¿Por qué es eficaz la Perspectiva Divina? Este método te permite trascender tus limitaciones humanas, como la indulgencia y el autosabotaje, que a menudo distorsionan la forma en que evaluamos nuestras acciones. Al imaginarte como una conciencia divina, te vuelves capaz de observar tu vida con claridad y objetividad, reconociendo de forma equilibrada tanto los errores como los aciertos.

Además, la idea de adoptar una visión omnisciente -en la que nada puede ocultarse a tu propio análisis- elimina cualquier autoengaño. Cuando eres a la vez el observador y el analizado, creas un espacio único para comprender tus motivaciones más profundas y alinear tus acciones con un propósito mayor.

La práctica regular de este método no sólo promueve una comprensión más profunda de ti mismo, sino que también refuerza tu capacidad para tomar decisiones en consonancia con tus valores y objetivos más elevados. Al adoptar la Perspectiva Divina, conviertes la autorreflexión en una herramienta práctica para el crecimiento personal y espiritual.

Prueba a incorporar este método a tu rutina de reflexión. Te permitirá verte a ti mismo de una forma clara, honesta y compasiva, sacando a la luz una versión más auténtica y alineada con tu esencia.

Para aplicar el Método de la Perspectiva Divina, sigue estos pasos.

Reserva un tiempo de silencio para conectar contigo mismo. Busca un espacio en el que te sientas cómodo y sin distracciones.

Cierra los ojos y respira profundamente, permitiendo que tu mente y tu cuerpo se calmen. Imagínate sentado frente a otra persona que te representa.

Desde esta perspectiva, eres Dios o la presencia divina, la conciencia superior y tienes todo el conocimiento y la comprensión de todo lo que la otra persona que tienes delante es, ha hecho y piensa.

Observa los pensamientos, acciones y razones de la otra persona desde una perspectiva omnisciente. Analiza las elecciones, motivaciones y patrones de comportamiento, intenta comprender cómo se alinean con tu verdadera esencia y propósito, observa hacia dónde ha llevado cada decisión, acertada o equivocada, a la persona que tienes delante.

Mientras examinas diferentes aspectos de la vida de esta persona, hazte preguntas como:

«¿Cómo refleja esta acción o pensamiento la conexión con la chispa divina dentro de esta persona?».

«¿Está en armonía con su verdad interior?

«¿Qué puede aprender o debería haber aprendido esta persona de esta experiencia?».

Permítete recibir percepciones y guía intuitiva mientras permaneces abierto y receptivo a las respuestas que surjan. Recuerda que cuando te pones en el lugar del ser divino, estás abierto a todas las formas de energía del universo. Un aspecto interesante de esta perspectiva es que puedes identificar adónde te llevarán tus acciones actuales.

Al final de este análisis, da las gracias por la sabiduría compartida y por la oportunidad de conocerte a ti mismo desde una perspectiva amplia.

Recuerda que el Método de la Perspectiva Divina es una herramienta poderosa para el autodescubrimiento, pero también es importante equilibrarlo con amor y autocompasión. A medida que profundices en esta práctica, recibirás nuevas percepciones sobre ti mismo. Al situarte frente a ti mismo, como ser omnisciente y omnipotente, puedes autoblanquearte y captar de la chispa divina que hay en tu interior todo el amor y la comprensión que necesitas para entender tu propósito y tu conexión con el universo.

A medida que explores el Método de la Perspectiva Divina y otras enseñanzas de los Seres de Luz a lo largo de este libro, descubrirás cómo incorporar estas prácticas a tu vida diaria y cómo expandir tu conciencia. Juntos, continuaremos en este viaje de autodescubrimiento, aprendizaje y crecimiento espiritual, en busca de una profunda conexión con la sabiduría cósmica.

A medida que avanzas en el viaje de autodescubrimiento, empiezas a reconectar con tus dones y talentos únicos. Cada uno de nosotros posee habilidades innatas con una contribución única que hacer al universo. La Espiritualidad Cósmica te anima a explorar y honrar estos dones para que puedan manifestarse en tu vida. Esto implica practicar actividades creativas, desarrollar habilidades específicas o simplemente estar dispuesto a compartir tus dones con los demás. Al expresar tus dones auténticos, encuentras un sentido profundo a la vida y contribuyes a la evolución colectiva.

En el camino hacia el autoconocimiento, también es importante abrazar e integrar todas las partes de uno mismo. Esto significa aceptar tanto tus cualidades luminosas como tus sombras, reconociendo que todas forman parte de tu camino de crecimiento. Los Seres de Luz te recuerdan que es aceptando e integrando estas partes como alcanzas la armonía y el equilibrio interiores. La práctica del amor propio y la autocompasión desempeña un papel fundamental en este proceso, permitiéndote amarte y aceptarte a ti mismo.

A medida que profundizas en el autodescubrimiento y el autoconocimiento, descubres que el viaje nunca termina. Estás en constante evolución, creciendo y expandiendo tu conciencia. La Espiritualidad Cósmica nos recuerda que el autodescubrimiento es un proceso continuo, una danza entre el ser y el devenir. Al reconectar con tu esencia espiritual, abres la puerta a un vasto potencial de crecimiento y transformación.

# 7
# Transformación emocional y sanación interior

En la Espiritualidad Cósmica, la transformación emocional y la sanación interior son pilares fundamentales para el crecimiento espiritual y el despertar de la conciencia. Las emociones, al ser expresiones intrínsecas de la experiencia humana, son portadoras de profundos mensajes que nos ayudan a comprender nuestra relación con el universo y con nosotros mismos. Sin embargo, cuando estas emociones no son debidamente reconocidas y procesadas, se convierten en fuentes de sufrimiento, limitando nuestro potencial de evolución.

Los Seres de Luz, en su sabiduría, nos enseñan la importancia de acoger nuestras emociones con amor y compasión, permitiéndonos sentirlas plenamente. Honrar la presencia de las emociones, incluso las más desafiantes, es el primer paso para integrarlas y transformarlas en herramientas de crecimiento y autodescubrimiento. Esta práctica nos ayuda a darnos cuenta de que cada emoción trae consigo una valiosa lección, una oportunidad para expandir nuestra conciencia.

La transformación emocional empieza por la conciencia. Esto significa estar presente y atento a lo que sentimos, reconocer la existencia de nuestras emociones sin juzgarlas. Tenemos que explorar sus orígenes y mensajes, preguntándonos: «¿Qué intenta decirme esta emoción?». Al aceptar y examinar abiertamente nuestras emociones, conectamos con la sabiduría que nos ofrecen, permitiendo que se conviertan en catalizadores de la transformación interior.

La Espiritualidad Cósmica ofrece diversas prácticas para ayudar en el proceso de sanación emocional:

La meditación es una poderosa herramienta que nos ayuda a observar nuestras emociones sin identificarnos con ellas. Durante la meditación, puedes visualizar tus emociones como olas en el océano, que van y vienen, mientras permaneces anclado en tu esencia espiritual. Esta práctica promueve la liberación de patrones emocionales negativos y abre espacio para estados de equilibrio y paz interior.

La práctica del perdón es esencial para liberar emociones que nos atan al pasado, como el resentimiento, la culpa y el arrepentimiento. Perdonar, tanto a uno mismo como a los demás, no significa justificar las acciones dañinas, sino liberarse del peso emocional que conllevan. Esto permite que el amor y la compasión fluyan libremente, restaurando la armonía interior.

Cultivar la gratitud es una forma de transformar las emociones negativas en positivas. Cuando nos centramos en las bendiciones presentes en nuestras vidas, incluso en los momentos difíciles, elevamos nuestra vibración energética y reforzamos nuestra conexión con el cosmos.

Aunque el camino de la transformación emocional es profundamente personal, el apoyo externo puede ser inestimable. Buscar ayuda de terapeutas, consejeros espirituales o grupos de apoyo crea un espacio seguro para explorar las emociones y compartir experiencias. Este intercambio de energía favorece la curación colectiva y refuerza el viaje individual.

Es importante recordar que la curación interior no es un destino, sino un proceso continuo. Cada capa de emoción que se trabaja conduce a nuevos descubrimientos y oportunidades de crecimiento. A medida que avanzamos, expandimos nuestra conciencia y nos alineamos con nuestro verdadero potencial.

La transformación emocional, alineada con las enseñanzas de los Seres de Luz, es un recordatorio de que somos seres en constante evolución. Al abrazar nuestras emociones con amor e integrarlas en nuestro viaje espiritual, nos convertimos en canales de luz y armonía, irradiando equilibrio al mundo que nos rodea.

# 8
# Intuición y habilidades psíquicas

En la Espiritualidad Cósmica, el desarrollo de la intuición y las habilidades psíquicas es una parte esencial del camino espiritual. Estás involucrado en energías sutiles y comprenderlas es parte de tu crecimiento como ser multidimensional. Aprenderás la importancia de cultivar estas habilidades y comprenderás cómo te ayudan en tu camino de crecimiento y expansión.

Pero antes de seguir adelante, puede ser importante aclarar el significado holístico del término «sutil» para que el contenido del capítulo pueda comprenderse plenamente.

Dentro de la concepción holística, el término «sutil» se utiliza para describir algo que es delicado, suave y que puede no ser fácilmente perceptible por los sentidos físicos. Es la cualidad que va más allá del nivel material y se refiere a las energías, las vibraciones y los aspectos no físicos de la realidad.

En el enfoque holístico, todo en el universo está interconectado y regido por una red de energías e información. Estas energías sutiles están presentes en todos los aspectos de la vida, desde las emociones humanas hasta la naturaleza que nos rodea. Sin embargo, no siempre podemos percibirlas con nuestros sentidos físicos ordinarios.

Por ejemplo, la intuición se considera una forma de conocimiento sutil. Es esa voz interior que guía y proporciona percepciones y comprensiones más allá de lo que pueden alcanzar los pensamientos racionales.

En el contexto de la intuición y el desarrollo espiritual, estar en sintonía con lo sutil significa ser consciente de los matices de la vida, prestando atención a las señales, sincronicidades y patrones que se manifiestan a tu alrededor. Esto implica una mayor sensibilidad a las energías sutiles que impregnan el entorno y la propia conciencia.

La intuición es la capacidad innata de acceder a la información más allá del conocimiento racional y lógico. Es la voz interior, la sabiduría profunda que te guía y te conecta con la esencia del universo. Al desarrollar tu intuición, abres un canal directo de comunicación con la sabiduría cósmica y los Seres de Luz.

Una de las formas de desarrollar la intuición es a través de la práctica de la meditación (ya explicada en páginas anteriores). Cuando aquietas tu mente, te vuelves receptivo a los mensajes sutiles que surgen. La meditación crea un espacio interior propicio para escuchar a la intuición y reconocer su sabia guía. A medida que practicas la meditación con regularidad, te vuelves más sensible a las señales y sincronicidades que envía el universo.

Otra forma de desarrollar la intuición y conectar con tu esencia espiritual es confiar y practicar técnicas que te permitan entrar en contacto con tu propia alma. El alma es la esencia espiritual, es lo que vive más allá del plano físico, es tu conexión con la fuente de creación de todo lo que existe. Al cultivar una relación íntima con tu esencia espiritual, aprendes a reconocer y a confiar en la información que recibes intuitivamente. Este proceso implica desarrollar la autenticidad y la capacidad de seguir tu verdad interior, incluso cuando va en contra de la opinión de la sociedad o de las expectativas externas.

Para conectar con tu esencia espiritual, aquí tienes algunas prácticas que puedes adoptar:

Autoconocimiento: Tómate tiempo para reflexionar sobre tus creencias, valores y propósito vital. Pregúntate por tus pasiones, talentos y lo que te aporta significado. Al conocerte mejor, te estarás acercando a tu esencia espiritual.

Observación consciente: Mantén tu mente en el momento presente, observa tus pensamientos, emociones y sensaciones físicas. Aprende a reconocer los patrones y las respuestas automáticas que surgen. Esta mayor conciencia te permitirá conectar más profundamente con tu verdad interior.

Práctica de la gratitud: Cultiva un estado de gratitud, dirigiendo tu atención a las bendiciones y momentos de alegría presentes en tu viaje. La gratitud abre el corazón y fortalece tu conexión con tu esencia espiritual.

Escritura intuitiva: Tómate tiempo para escribir libremente, sin censura ni juicios. Deja que las palabras fluyan intuitivamente, expresando tus pensamientos, emociones y percepciones. Esta práctica te ayuda a acceder a tu sabiduría interior y profundiza la conexión con tu esencia espiritual.

Conectar con la naturaleza: Acércate a la naturaleza y aprecia su belleza y serenidad. Pasea por un bosque o un parque, contempla la puesta de sol o simplemente respira el aire fresco, imagina el poder implicado en cada creación que percibes, al fin y al cabo, tú formas parte de ella. Eres la única forma de vida dentro de la naturaleza que es consciente de su grandeza, sabe quién eres y qué eres. La naturaleza fue creada y existe para permitirte tener vida. Tiene una energía curativa y puede alinearte con tu esencia espiritual.

Recuerda que cada persona tiene un viaje espiritual único, y el camino para conectar con tu esencia espiritual puede variar. Experimenta con distintas prácticas y encuentra las que mejor resuenen contigo. Sé paciente contigo mismo, ya que el proceso de conexión con tu esencia espiritual es continuo y requiere dedicación y autocompasión.

A medida que continúes explorando las enseñanzas de los Seres de Luz en este libro, encontrarás más ideas y prácticas para profundizar la conexión con tu esencia espiritual. El viaje de autodescubrimiento y conexión con tu verdad interior es una búsqueda valiosa y transformadora, y un camino que merece la pena recorrer.

Otra técnica importante es la práctica de la escucha interior. Consiste en sintonizar con tu voz interior, con la sabiduría que surge de tu interior. A medida que aprendes a silenciar la mente y a escuchar con atención, recibes valiosas orientaciones y percepciones de los reinos sutiles. Esta práctica también te ayuda a discernir entre la voz del ego y la voz intuitiva, lo que te permite tomar decisiones en consonancia con tu verdadero yo.

Además de la intuición, la Espiritualidad Cósmica también valora el desarrollo de las habilidades psíquicas, como la clarividencia, la clariaudiencia y la telepatía. Estas habilidades te permiten acceder a información más allá de los cinco sentidos físicos, estableciendo conexiones con planos sutiles de existencia. Para potenciar y desarrollar estas habilidades, es esencial dedicar tiempo a practicar y mejorar tu sensibilidad energética.

Este sencillo y práctico ejercicio puede ayudarte a fortalecer tu sensibilidad energética y a ampliar tu conexión con el flujo de energía que te rodea.

Busca un lugar tranquilo donde no te interrumpan. Siéntate cómodamente en una postura que te permita mantener la columna vertebral erguida. Cierra los ojos y dedica unos minutos a conectar con tu respiración.

Respira hondo varias veces, inhalando por la nariz y exhalando por la boca. Con cada respiración, deja que tu mente se calme, liberando tensiones y preocupaciones. Imagina que al espirar estás soltando todo lo que no te sirve en ese momento.

Cuando hayas alcanzado un estado de relajación, dirige tu atención al espacio que te rodea. Imagina que estás inmerso en un campo de energía sutil. Siente cómo esta energía envuelve tu cuerpo, como una ligera brisa o un suave calor. Permítase percibir matices y patrones en esta energía, sin prisas ni esfuerzos.

A continuación, centre su atención en las manos. Imagínatelas envueltas en una luz suave y acogedora, como si estuvieran irradiadas por una energía divina. Visualiza esta luz fluyendo por tus manos, moviéndose armoniosamente.

Presta atención a las sensaciones que surjan. Puede que sientas calor, hormigueo, vibración o incluso una ligera pulsación. No te preocupes si no sientes nada de inmediato; simplemente ábrete a la experiencia.

Cuando sientas esta energía, imagina que se intensifica. Visualízala llenando tus manos y expandiéndose gradualmente hacia tus brazos, tu cuerpo y todo tu campo energético. Permita que esta luz le aporte una sensación de equilibrio, armonía y bienestar.

Cuando estés listo para terminar la meditación, vuelve lentamente a centrar tu atención en la respiración. Respira profundamente una vez más, sintiéndote presente y conectado. Abre los ojos lentamente y permítete integrar la experiencia en tu día a día.

A medida que practiques esta meditación con regularidad, tu percepción sutil se agudizará y empezarás a percibir con mayor claridad los flujos de energía que te rodean. Este ejercicio también puede allanar el camino para el desarrollo de habilidades psíquicas, como una mayor intuición y sensibilidad energética.

Recuerda que desarrollar estas habilidades requiere tiempo, dedicación y paciencia. A medida que profundizas en tu viaje espiritual, es importante purificar y elevar tu propia energía mediante prácticas como la meditación. Visualizar una luz blanca envolviendo tu cuerpo y buscar la armonía interior contribuye a este proceso. Con el tiempo y la práctica constante, estarás cada vez más en sintonía con las energías sutiles que te rodean y podrás explorar el vasto potencial de tus habilidades psíquicas.

Desarrollar la intuición y las capacidades psíquicas requiere un equilibrio entre la apertura al mundo espiritual y el anclaje en la realidad cotidiana. Es importante recordar que eres un ser multidimensional, capaz de acceder a diferentes niveles de conciencia. Sin embargo, también estás aquí en la Tierra para vivir experiencias humanas y contribuir a la transformación del mundo.

Cuando desarrolles tus habilidades intuitivas y psíquicas, debes recordar siempre utilizarlas con responsabilidad y amor. Son herramientas poderosas que te ayudan en tu viaje espiritual en busca de la verdad, pero también deben integrarse de forma equilibrada en tu vida diaria.

Mientras continúas explorando la Espiritualidad Cósmica, es importante recordar que el desarrollo de la intuición y las habilidades psíquicas es un proceso continuo. Requiere práctica, paciencia y dedicación, pero los beneficios son inconmensurables. Al abrirte al mundo sutil y confiar en tu sabiduría interior, descubrirás un nuevo nivel de conexión con el universo y con tu propia esencia divina.

«Conócete a ti mismo».

Esta icónica frase estaba inscrita en el Oráculo de Delfos, un santuario de la Antigua Grecia famoso por sus enigmáticas respuestas y consejos espirituales. Se cree que fue escrita por el filósofo griego Sócrates, que valoraba la importancia del autoconocimiento como camino hacia la sabiduría y el crecimiento personal, lo que demuestra que el autoconocimiento es una práctica centenaria. Al conectar con tu esencia espiritual y profundizar en tu viaje de autodescubrimiento, abres las puertas a una comprensión más profunda de ti mismo y del mundo que te rodea. La frase «Conócete a ti mismo» nos recuerda la importancia de explorar valores, creencias e identidades para vivir con autenticidad y sentido.

# 9
# Expansión de la conciencia individual

La expansión de la conciencia es un viaje fascinante, una invitación a explorar las profundidades del propio ser, trascendiendo los límites de la propia realidad. En la Espiritualidad Cósmica, la expansión de la conciencia se considera el paso fundamental en la evolución espiritual, ya que permite acceder a niveles superiores de comprensión y sabiduría.

Al embarcarte en este viaje de expansión de tu conciencia, se te invita a cuestionar tus creencias limitantes y a ampliar tus horizontes. A veces estás acostumbrado a ver el mundo desde una perspectiva estrecha, basada en tus experiencias pasadas y en el condicionamiento social. Sin embargo, la Espiritualidad Cósmica es la invitación a ir más allá de estas limitaciones, explorando nuevas dimensiones.

Como holísticamente se habla mucho de «creencias limitantes», conviene explicar el significado del término para que seas plenamente consciente de lo que es una «creencia limitante» y de cómo afecta a tu vida.

Las creencias limitantes son convicciones profundamente arraigadas en tu mente que actúan como barreras invisibles, restringiendo tus acciones, decisiones y la forma en que percibes el mundo y a ti mismo. Estas creencias suelen formarse a lo largo de la vida, basándose en experiencias pasadas, interpretaciones erróneas de los acontecimientos y condicionamientos sociales o culturales. Por ejemplo, pensamientos como «No soy lo bastante bueno», «No merezco el éxito» o «Las cosas nunca cambian para mí» son ejemplos comunes de creencias limitantes que moldean tu realidad de forma negativa.

Estas creencias afectan a la vida de forma significativa porque actúan como filtros mentales que determinan cómo reaccionas ante distintas situaciones. Pueden limitar tu potencial, impedir que alcances tus objetivos o incluso distorsionar tus percepciones, haciendo que veas retos donde hay oportunidades. Al ser inconscientes la mayor parte del tiempo, estas creencias actúan en segundo plano, influyendo en tus decisiones y saboteando tu progreso sin que te des cuenta.

Al cuestionarlas y superarlas, se allana el camino hacia la transformación personal y espiritual. Esto implica identificar pensamientos o patrones que ya no sirven a tu propósito y sustituirlos por creencias fortalecedoras que impulsen tu crecimiento. La

Espiritualidad Cósmica, en este contexto, te invita a expandir tu conciencia, liberándote de las limitaciones impuestas por estas creencias y explorando nuevos horizontes de posibilidades. Al dejar atrás estas barreras, podrás vivir más plenamente, alineado con tu verdadero potencial.

A lo largo de tu viaje de expansión de conciencia, la superación de las creencias limitantes desempeña un papel crucial. Estas creencias, como hemos visto, son barreras que restringen tu potencial y distorsionan tu percepción de la realidad. Cuando se identifican y transforman, se convierten en oportunidades para que amplíes tu comprensión de ti mismo y del cosmos, abriendo espacio para prácticas que te conectan con dimensiones superiores y con tu esencia divina.

Una de las formas más efectivas de tratar con las creencias limitantes es a través de la práctica regular de la meditación, ya comentada en páginas anteriores. La meditación no sólo calma la mente, sino que también crea un estado de receptividad que facilita el reconocimiento y la disolución de estas creencias. En este estado de calma y conexión interior, puedes observar tus pensamientos y patrones emocionales con mayor claridad, lo que permite identificar las creencias limitantes y sustituirlas por perspectivas más positivas y fortalecedoras.

Al liberarte de las creencias que te atan a una visión limitada, allanas el camino para prácticas como la proyección astral. Esta experiencia va más allá de los límites del cuerpo físico y ofrece una oportunidad única para explorar reinos sutiles y dimensiones superiores. Durante la proyección astral, puedes encontrarte con Seres de Luz y guías espirituales que te ofrecen profundos conocimientos y sabiduría para tu viaje. Esta práctica no sólo amplía su percepción del cosmos, sino que también refuerza la idea de que sus limitaciones son creadas por barreras internas que pueden ser superadas.

A medida que te aventuras en planos más elevados, la integración del autoconocimiento con la expansión de la conciencia se hace evidente. Reconocer y trabajar sobre tus creencias limitantes forma parte del proceso de ahondar en tu interior y enfrentarte a los aspectos más profundos de tu psique. Esto incluye tanto los rasgos luminosos como los oscuros, ya que ambos son esenciales para tu evolución espiritual.

Transformar estas creencias es un paso indispensable para despertar a tu verdadera esencia. Al hacerlo, serás cada vez más consciente de tu conexión con el cosmos y de tu naturaleza multidimensional. Desde este estado de conciencia expandida, te das cuenta de que las creencias limitantes no son sólo obstáculos a superar, sino también invitaciones a abrirte a nuevos horizontes, viviendo alineado con la sabiduría y el amor del universo.

Así, superar las creencias limitantes no es un fin en sí mismo, sino una etapa esencial en tu viaje continuo de autodescubrimiento y expansión de la conciencia. Al integrar estas transformaciones con prácticas espirituales como la meditación y la proyección astral, fortaleces tu conexión con el cosmos y accedes al verdadero propósito de tu existencia.

# 10
# Virtudes y Valores de los Seres de Luz

En la Espiritualidad Cósmica, el cultivo de virtudes y valores desempeña un papel fundamental en el proceso de crecimiento espiritual y en la búsqueda de una vida plena y significativa. Los Seres de Luz creen que estas virtudes y valores son fundamentales para la creación de una sociedad armoniosa, así como para la elevación de la conciencia colectiva.

Una de las virtudes esenciales cultivadas en la Espiritualidad Cósmica es la compasión. La compasión es la capacidad de ponerse en el lugar del otro, de empatizar y comprender su dolor y sus desafíos. La compasión nos invita a actuar con amabilidad y benevolencia, reconociendo la interconexión de todos los seres. Al cultivar la compasión, expandes tu conciencia, promoviendo la sanación y la armonía en tu entorno.

Otra virtud valorada por los Seres de Luz es la sabiduría. La sabiduría es el resultado de la búsqueda continua del conocimiento, la experiencia y la reflexión profunda. La sabiduría nos permite percibir la verdad y actuar con discernimiento en todas las situaciones. La búsqueda de la sabiduría implica un proceso de autodescubrimiento y autoconocimiento, en el que aprendes de tus experiencias y te abres a una comprensión más profunda de la vida y de ti mismo.

Los Seres de Luz valoran la integridad como una virtud fundamental. La integridad implica actuar de acuerdo con valores superiores; necesitas ser auténtico y recto en tus acciones y palabras. Es la capacidad de mantener tus compromisos y cumplir tus promesas. Cultivar la integridad te permite vivir de acuerdo con tu verdad interior, estableciendo relaciones de confianza y respeto con los demás.

La gratitud (como ya se ha mencionado) también es una virtud esencial en la Espiritualidad Cósmica. La gratitud es la invitación a reconocer y apreciar las bendiciones y los dones de la vida, incluso en los momentos difíciles. Te enseña a valorar y expresar gratitud por cada experiencia, persona u oportunidad que se cruza en tu camino. Al cultivar la gratitud, abres tu corazón a la abundancia y la alegría.

En la Espiritualidad Cósmica, los valores también desempeñan un papel fundamental en el camino del crecimiento espiritual. Entre los valores más importantes de los Seres de Luz está la armonía. La armonía implica la búsqueda del equilibrio entre todas las áreas de la vida, con el mundo que te rodea. Es la búsqueda de la paz interior y la colaboración armoniosa con los demás y con la naturaleza.

Otro valor esencial es la verdad. Los Seres de Luz valoran la búsqueda de la verdad interior y la autenticidad en todas las acciones. Esto implica vivir alineado con tus valores y ser honesto contigo mismo y con los demás. La búsqueda de la verdad te ayuda a crecer y evolucionar espiritualmente, estableciendo una conexión con tu esencia más profunda.

El respeto es un valor fundamental en la Espiritualidad Cósmica. El respeto implica valorar y honrar la dignidad de todos los seres, independientemente de sus diferencias. Es reconocer la igualdad y la diversidad como aspectos enriquecedores de la vida. Practicando el respeto, contribuyes a construir relaciones sanas y a crear una sociedad justa e inclusiva.

Por último, los Seres de Luz valoran el amor como valor supremo. El amor incondicional es la fuerza que impregna todo el universo, conectando todas las formas de vida. Cultivar el amor en tu corazón y expresarlo en acción es el camino hacia la elevación espiritual y la transformación personal. El amor es la conexión con la Fuente, es lo que permite a una persona vivir con compasión, bondad y empatía.

Al cultivar las virtudes y los valores de los Seres de Luz, creas una base sólida para el viaje espiritual y te conviertes en un agente de transformación positiva en el mundo. Estos valores son una guía en la expansión de la conciencia individual, conectándote con tu esencia más elevada e inspirándote a vivir en armonía con todos los seres y el universo.

# 11
# El Poder Transformador del Cubo de Luz

En el camino del viaje espiritual, existen diversas prácticas y técnicas que ayudan en la búsqueda de la conexión interior, la expansión de la conciencia y el equilibrio energético. Una de estas poderosas prácticas es el Cubo de Luz, una herramienta que te permite acceder y utilizar altas energías para la transformación personal y la manifestación consciente.

El Cubo de Luz es una representación simbólica de un campo energético multidimensional que contiene información y vibraciones positivas. Se puede visualizar y trabajar mentalmente con él como un cubo de luz transparente, brillante y pulsante. Dentro de este cubo, encuentras un espacio sagrado donde puedes dirigir tus intenciones y llevar a cabo procesos de sanación, expansión y transformación.

Al trabajar con el Cubo de Luz, es esencial establecer un entorno tranquilo y favorable para la práctica.

Busca un lugar donde te sientas cómodo y donde no haya interrupciones. Tómate unos momentos para calmarte y relajarte. Respira profundamente y deja que tu mente se aquiete.

Cuando hayas alcanzado un estado de relajación y meditación, visualiza un cubo de luz brillante frente a ti. Observa su forma, sus colores y su luminosidad. Siente la energía que emana de él, siente que transmite una sensación de paz, amor y armonía.

A medida que conectes con la energía del cubo, muévelo, dejando que envuelva todo tu ser, llenándolo de luz y positividad.

Dentro del Cubo de Luz, puedes llevar a cabo diferentes prácticas y trabajar con diferentes intenciones.

Sanación y Transformación: Cuando entres en el Cubo de Luz, puedes dirigir tu intención hacia la sanación de aspectos físicos, emocionales o espirituales que necesiten equilibrio y armonía. Visualízate dentro, viendo la luz que llena todas las áreas, disolviendo bloqueos y promoviendo una sanación profunda.

Manifestación consciente: Utiliza el Cubo de Luz como un espacio sagrado para manifestar tus deseos y sueños. Visualiza tus objetivos ya alcanzados dentro del cubo, sintiendo la alegría y la gratitud por su materialización. Envíe esta energía de manifestación al universo, confiando en que el proceso de creación está en marcha.

Purificación Energética: Imagínate dentro del Cubo de Luz, permitiendo que su luz brillante penetre en cada célula de tu ser. Siente cómo la luz disuelve las energías negativas, transmuta los patrones limitantes y eleva tu vibración. Deja que la luz del cubo te purifique y renueve por completo.

Conexión espiritual: Utiliza el Cubo de Luz para conectar con tu Ser Superior, guías espirituales o Seres de Luz. Visualízate dentro del cubo, abriéndote a recibir sabiduría, guía e inspiración. Mantente abierto a recibir mensajes o percepciones que surjan durante esta conexión.

A medida que practiques regularmente el trabajo con el Cubo de Luz, fortalecerás tu conexión con la energía cósmica, tu sabiduría interior y tu capacidad para crear conscientemente tu realidad. Recuerda que el cubo es una herramienta poderosa, pero son tu intención y tu presencia consciente las que activan y amplifican sus efectos.

Después de cada sesión de trabajo con el Cubo de Luz, tómate un momento para agradecer la experiencia y las transformaciones que se están manifestando en tu vida. Permite que la energía del cubo continúe fluyendo y expandiéndose, irradiando hacia el entorno y el universo.

Al incorporar la práctica del Cubo de Luz a tu viaje espiritual, estarás abriendo puertas al autodesarrollo, a la manifestación consciente de tus deseos más profundos y a la conexión con dimensiones superiores de conciencia. Aprovecha esta poderosa herramienta y permite que el Cubo de Luz ilumine tu camino hacia tu esencia divina.

Sigue explorando, experimentando y profundizando tu relación con el Cubo de Luz. Recuerda que la práctica es un viaje en sí misma, y que cada momento dedicado a esta conexión fortalece tu vínculo con las energías cósmicas y tu potencial para la creación consciente. Mantente abierto a las percepciones, aprendizajes y bendiciones que esta práctica traerá a tu vida.

Te invito a que entres en esta experiencia con el Cubo de Luz y permitas que guíe tu viaje de autodescubrimiento, sanación y transformación. Confía en tu poder y en tu capacidad para manifestar la realidad que deseas. La luz está dentro de ti, lista para brillar e iluminar el camino.

# 12
# Fundamentos de la Meditación Cósmica

La meditación juega un papel central en la Espiritualidad Cósmica. Es una práctica esencial que te permite entrar en un estado de profunda conexión con tu ser interior y con las energías sutiles del universo. La meditación cósmica es una técnica poderosa para expandir la conciencia, aumentar la vibración y acceder a niveles superiores de percepción espiritual.

Los fundamentos de la meditación Cósmica se basan en la simplicidad y el enfoque de la mente, aunque ya se ha explicado en páginas anteriores, para una mejor comprensión del capítulo, describiré otro método práctico de meditación.

Para empezar, busca un lugar tranquilo donde puedas sentarte cómodamente. Es preferible elegir un entorno tranquilo donde te sientas conectado con la naturaleza y puedas relajarte profundamente.

Una vez que estés en una posición cómoda, cierra los ojos y empieza a centrar tu atención en la respiración. La respiración desempeña un papel importante en la Meditación Cósmica, ya que ayuda a anclar el momento presente, relajando el cuerpo y la mente. Respira profundamente, prestando atención al movimiento del aire que entra y sale del cuerpo.

Mientras te concentras en la respiración, deja que tu mente se calme. Observa los pensamientos que surgen, pero no te apegues a ellos. Déjalos pasar suavemente, como nubes en el cielo, volviendo tu atención a la respiración. La práctica de observar los pensamientos sin implicarse en ellos es una forma de entrenar la mente para que se vuelva más tranquila y receptiva.

Una vez que tu mente se haya calmado, puedes empezar a dirigir tu atención hacia tu interior. Siente la presencia de tu ser esencial, tu conexión con la Fuente y la conciencia Cósmica. Permítete sentir una sensación de paz, amor y expansión interior. Al sintonizar con esta energía, te abres a recibir percepciones, guía y sanación.

Durante la meditación cósmica, también puedes visualizarte en un entorno cósmico. Imagínate en un lugar de belleza y paz, rodeado de seres de Luz. Siente la energía amorosa y sanadora de estos seres que te rodean con amor y sabiduría. Permítase recibir cualquier mensaje o guía que pueda surgir durante esta visualización.

La meditación cósmica también implica el uso de frecuencias y energías sutiles para elevar tu vibración y expandir tu conciencia. Puedes utilizar afirmaciones positivas, como «Yo soy luz» o «Yo soy amor», mientras meditas para reforzar tu conexión con tu naturaleza divina. Además, puedes utilizar cristales o símbolos como apoyo energético durante la meditación.

Recuerda que la práctica de la meditación es personal y única. No hay una forma correcta o incorrecta de meditar. Lo importante es dedicar tiempo a conectar con tu esencia interior, buscando la paz y la claridad mental, para recibir los dones espirituales que ofrece la Meditación Cósmica.

A medida que profundices en tu práctica de meditación, desarrollarás una mayor sensibilidad espiritual, así como una profunda conexión con los reinos sutiles de la existencia. Esta práctica ayuda a expandir tu conciencia para que puedas descubrir tu verdadera naturaleza, alineándote con tu misión espiritual en la Tierra.

# 13
# Meditación para la Conexión con la Fuente

En la Espiritualidad Cósmica, conectar con la Fuente se considera una búsqueda fundamental. La Fuente es la energía primordial, la conciencia cósmica de la que proceden todas las cosas. Conectarse con esta energía trae sanación profunda, sabiduría y expansión de conciencia. Aprenderás algunas técnicas de meditación que te ayudarán a fortalecer tu conexión con la Fuente de todas las cosas.

Meditación de respiración consciente: Empieza por sentarte cómodamente y cerrar los ojos. Concéntrate en tu respiración, observándola mientras entra y sale de tu cuerpo.

Cuando tu mente se calme, dirige tu atención a la sensación de expansión que se produce con cada inhalación y a la sensación de liberación que se produce con cada exhalación. Siéntete conectado a la energía vital que fluye a través de ti, reconociendo que esta energía proviene de la Fuente.

Meditación del mantra sagrado: Elige un mantra que resuene contigo, como «Soy uno con la Fuente» o «Conecto con la Fuente Divina». Repite el mantra permitiendo que sus palabras creen una poderosa vibración en tu interior. Concéntrate en la intención del mantra y siente cómo la energía de la Fuente se funde con la tuya. Deja que el mantra te lleve a un estado meditativo más profundo en el que puedas experimentar una conexión más intensa.

Meditación de luz blanca: Visualiza una luz blanca brillante que llena todo tu ser. Imagina esta luz como una manifestación directa de la Fuente, pura y sagrada. Permite que esta luz blanca limpie y purifique tu mente, cuerpo y espíritu, disolviendo cualquier energía negativa o bloqueo. Siente cómo esta luz amorosa te envuelve, permite que fortalezca tu conexión con la Fuente.

Meditación de gratitud: La gratitud es una herramienta poderosa para conectar con la Fuente. Tómate un tiempo para reflexionar sobre las bendiciones de tu vida y siente una profunda gratitud por ellas. Mientras meditas, concéntrate en todos los aspectos de la vida por los que estás agradecido, desde las cosas más sencillas hasta las más significativas. Siente cómo la Fuente está presente en todas estas bendiciones y cómo la gratitud expande tu conexión con esta energía divina.

Meditación con el corazón abierto: Imagina que tu corazón se abre como una flor. Visualízalo lleno de amor incondicional y compasión. Mientras te concentras en el amor de tu corazón, siente cómo esta energía amorosa está conectada con la Fuente. Permite que tu corazón se expanda cada vez más, conectando profundamente con la energía de la Fuente, que es la esencia pura del amor universal.

Cuando practiques estas técnicas de meditación para conectar con la Fuente, recuerda que la clave está en tu intención. Sé paciente y persistente en tu práctica, permitiendo que la conexión con la Fuente se profundice con el tiempo. La meditación es un viaje personal y único para cada persona, y tu experiencia con la Fuente también será única para ti.

# 14
# Profundizar la conexión

En el viaje espiritual, es esencial buscar una conexión profunda con la sabiduría cósmica. La sabiduría cósmica es la comprensión y el conocimiento que trasciende las limitaciones de la mente humana y se origina en la conciencia universal. Es una fuente ilimitada de perspicacia, claridad y guía que te ayuda a comprender la verdadera naturaleza y el propósito de tu existencia. Exploraremos formas de profundizar en esta conexión y esta sabiduría, aprendiendo a integrarlas en tu viaje espiritual.

Silencio interior: La sabiduría cósmica suele surgir del silencio. Reserva un tiempo cada día para estar en silencio, ya sea a través de la meditación, la contemplación o simplemente desconectando del ruido externo. Al permitir que tu mente se calme y se aquiete, creas espacio para que la sabiduría cósmica se revele. Mantente abierto y receptivo a los mensajes sutiles que surgen durante estos momentos de silencio.

Conectar con la naturaleza: La naturaleza es un portal a la sabiduría cósmica y parte de su manifestación. Al conectar con el mundo natural, experimentas la armonía y el orden presentes en toda la creación. Pasa algún tiempo al aire libre, observando la belleza de la naturaleza. A través de esta conexión, sientes la profunda interconexión con el universo y recibes percepciones de la sabiduría cósmica.

Estudio espiritual: Buscar el conocimiento y la sabiduría a través del estudio espiritual también es una forma de profundizar en la conexión con la sabiduría cósmica. Lee libros, asiste a conferencias, talleres o estudia las enseñanzas de maestros espirituales. Estas fuentes ofrecen perspectivas y puntos de vista que amplían la comprensión y despiertan la sabiduría interior. Recuerda que el estudio espiritual no se limita a la teoría, sino que también está vinculado a la práctica y a la experiencia directa.

Sintonizar con la intuición: La intuición es un canal directo a la sabiduría cósmica. Al desarrollar tu capacidad intuitiva, te abres a recibir percepciones y guía divina. Practica el silencio interior y la escucha atenta, confía en tus sentimientos y ábrete a los mensajes sutiles que surgen en tu conciencia. Cuanto más confíes en tu intuición y actúes según su guía, más profunda será tu conexión con la sabiduría cósmica.

Prácticas de conexión energética: La energía es el vehículo que utiliza la sabiduría cósmica para fluir.

Prácticas como la canalización de la energía, la visualización creativa y la sanación energética abren canales de comunicación con la sabiduría cósmica. Al cultivar una conexión consciente con la energía universal, se accede a información y percepciones que trascienden los límites de la mente racional.

Cultivar la humildad y el desapego: la sabiduría cósmica no puede ser captada ni controlada por la mente egoica. Es importante cultivar la humildad y el desapego en tu viaje espiritual. Esté abierto a reconocer que hay mucho más que aprender y comprender más allá de lo que sabe actualmente. Permítete desprenderte de creencias limitantes e ideas preconcebidas, dejando espacio para que la sabiduría cósmica fluya a través de ti.

Al profundizar tu conexión con la sabiduría cósmica, te alineas con la inmensidad del universo y te conviertes en un canal para la expresión divina. Recuerda que la sabiduría cósmica no es un objetivo a alcanzar, sino un viaje continuo de descubrimiento y expansión. Abraza este viaje con gratitud y apertura, confiando en que la sabiduría cósmica guiará tu camino hacia la iluminación y la plenitud.

# 15
# Meditación de la Nave Estelar Cósmica

La Meditación de la Nave Estelar Cósmica es una práctica poderosa que te permite experimentar la energía y la conciencia de los Seres de Luz de una manera profunda y transformadora. Esta meditación te transporta a la Nave Estelar Cósmica, donde conectas con los Seres de Luz accediendo a sus frecuencias de amor, sanación y sabiduría. Exploremos los pasos para llevar a cabo esta meditación, conociendo los beneficios que aporta a tu viaje espiritual.

Antes de comenzar la meditación, busca un espacio tranquilo donde puedas sentarte cómodamente. Apaga tus dispositivos electrónicos y tómate un tiempo para relajarte y prepararte para esta experiencia única.

Empieza respirando profundamente y dejando que tu cuerpo se relaje. Concéntrate en liberarte de cualquier tensión o preocupación que puedas tener. Visualízate rodeado de una luz protectora y amorosa que te envuelve por completo.

Establece tu clara intención de conectar con los Seres de Luz para recibir guía, sanación y sabiduría. Abre tu corazón para recibir las energías amorosas y benévolas que estarán a tu disposición durante esta meditación.

Visualízate entrando en una brillante y luminosa nave estelar. Observe los detalles de la nave, como los colores, las formas y la serena atmósfera, envolviéndose en esta energía de paz y elevación.

Mientras te desplazas por la nave, permítete encontrarte con Seres de Luz. Pueden presentarse como Seres de Luz brillantes, con una energía amorosa y acogedora. Siente su presencia a tu alrededor y permite que su energía resuene contigo.

En este espacio sagrado de la nave estelar, puedes iniciar una comunicación telepática con los Seres de Luz. Haz preguntas, comparte tus preocupaciones, ábrete a recibir sus respuestas y su guía. Siéntete envuelto por su sabiduría cósmica y su amor incondicional.

Permite que la energía de los Seres de Luz fluya a través de ti, trayendo sanación y transformación a cualquier aspecto de la vida en el que necesites ayuda. Siente cómo esta elevada energía penetra en tu ser, disolviendo bloqueos y aportando equilibrio y armonía.

Al final de la meditación, agradece a los Seres de Luz su presencia y guía. Siéntete agradecido por la oportunidad de conectar con su energía y sabiduría. Lleva lentamente tu conciencia de vuelta a tu cuerpo físico, sintiéndote enraizado y en paz.

La meditación de la Nave Estelar Cósmica es una experiencia personal y única. A medida que la practiques con regularidad, notarás un aumento de la claridad mental, una sensación de paz interior y una mayor conexión con la sabiduría cósmica. Permítete explorar esta práctica y deja que guíe tu viaje de crecimiento espiritual.

# 16
# Integrar la meditación en la vida cotidiana

La práctica de la meditación es una herramienta poderosa para cultivar la paz interior, la claridad mental y la conexión espiritual. Sin embargo, a menudo te enfrentas al reto de integrar esta práctica en tu ajetreada vida cotidiana. Ahora aprenderá estrategias y consejos para integrar la meditación de forma práctica y significativa en su vida diaria, lo que le permitirá cosechar los beneficios de esta práctica transformadora en todos los aspectos de la vida.

Establezca una rutina de meditación.

Una de las formas más eficaces de integrar la meditación en la vida cotidiana es establecer una rutina. Reserva un momento específico del día para sentarte a meditar. Puede ser por la mañana, antes de empezar tus actividades, o por la noche, antes de irte a dormir. Elige la hora que mejor te venga y comprométete a seguirla con regularidad. Esto ayuda a crear un hábito y convierte la meditación en una parte natural de tu rutina.

Si tienes poco tiempo, empieza con sesiones cortas de meditación. Incluso unos pocos minutos de meditación consciente pueden marcar una diferencia significativa en tu bienestar. Tómese pequeños descansos durante el día, por ejemplo durante una pausa en el trabajo o antes de comer, para cerrar los ojos, respirar profundamente y conectar con el momento presente. Estos momentos de pausa consciente calman la mente y aportan claridad en medio del caos cotidiano.

Busque espacios tranquilos.

Aunque lo ideal es disponer de un espacio dedicado a la meditación, esto no siempre es posible. Sin embargo, puedes encontrar espacios tranquilos en tu casa o en el trabajo donde retirarte a meditar unos instantes. Puede ser un rincón de tu dormitorio, un parque cercano o incluso un cuarto de baño tranquilo. Lo importante es encontrar un lugar en el que te sientas cómodo y puedas concentrarte.

Practica la meditación en movimiento.

La meditación no consiste sólo en sentarse en silencio. Puedes integrar la meditación en tus actividades cotidianas, convirtiéndolas en momentos de atención plena. Por ejemplo, cuando camines, presta atención a las sensaciones de tu cuerpo, las texturas bajo tus pies o tu respiración. Cuando te duches, siente el contacto del agua con tu piel y concéntrate en relajar tu cuerpo. Al comer, saborea la comida prestando atención a los sabores y las texturas. Estas prácticas de meditación en movimiento ayudan a llevar la atención plena a todas tus actividades cotidianas.

A veces puedes olvidarte de meditar cuando estás inmerso en las tareas cotidianas. Utiliza recordatorios visuales, como un recordatorio en tu teléfono móvil o una nota que quede en un lugar visible. Además, existen muchas aplicaciones de meditación que envían notificaciones y ofrecen diferentes prácticas guiadas. Estos recursos son útiles para mantener una práctica regular y constante.

Otra forma estupenda de integrar la meditación en la vida cotidiana es compartir la práctica con otras personas. Para ello, puedes unirte a grupos de meditación locales o incluso en línea, donde podrás ponerte en contacto con otros practicantes y compartir tus experiencias. Además, tener un compañero o un amigo con quien compartir los objetivos de la meditación ayuda a mantener el compromiso y la motivación. Al compartir tu viaje de meditación, creas un sentimiento de comunidad y apoyo mutuo.

La meditación es una práctica ancestral que ofrece numerosos beneficios para el cuerpo, la mente y el espíritu. Integrar la meditación en la vida cotidiana produce transformaciones positivas en todos los aspectos de la vida.

Una de las ventajas más notables de la meditación es su capacidad para reducir los niveles de estrés y ansiedad. Al dedicar tiempo a la meditación diaria, se calma la mente y se reduce la activación del sistema nervioso simpático, responsable de la respuesta al estrés. Esto ayuda a afrontar mejor las situaciones difíciles, aumentando la resiliencia emocional.

La meditación consiste en entrenar la mente para que se concentre en un único objeto o pensamiento, como la respiración. Esta práctica constante de concentración refuerza la capacidad de atención y aumenta la claridad mental. Como resultado, se vuelve más eficiente en las actividades diarias, toma decisiones con mayor criterio y mejora la productividad.

Al meditar con regularidad, se desarrolla una mayor conciencia de las emociones y los patrones de pensamiento. Esto permite identificar y gestionar las emociones negativas de forma saludable, lo que aumenta la estabilidad emocional y el bienestar psicológico general.

A muchas personas les cuesta relajarse y desconectar la mente antes de irse a dormir. Se ha demostrado que la meditación favorece la relajación y reduce el insomnio. Practicar la meditación antes de acostarse prepara el cuerpo y la mente para un sueño tranquilo y reparador.

Al aquietar la mente mediante la meditación, se permite que florezca la creatividad y que la intuición sea más accesible. Las ideas innovadoras tienen más espacio para surgir cuando la mente está libre de pensamientos y preocupaciones incesantes.

Los estudios han demostrado que la meditación está asociada a beneficios físicos, como la reducción de la presión arterial y del riesgo de enfermedades cardiovasculares. Además, la meditación refuerza el sistema inmunitario, haciendo que el cuerpo sea más resistente a las enfermedades.

La meditación no sólo aporta beneficios individuales; también puede tener un efecto positivo en las relaciones interpersonales. Al desarrollar la capacidad de conectar con uno mismo a través de la meditación, uno es capaz de comprenderse a sí mismo y relacionarse mejor con los demás, cultivando la empatía y la compasión.

La meditación es un viaje de autoexploración. Al practicarla con regularidad, te vuelves más consciente de tus pensamientos, emociones y comportamiento. Esta autoconciencia te permite identificar patrones limitantes y trabajar para superarlos, favoreciendo tu autodesarrollo.

En resumen, integrar la meditación en la vida cotidiana aporta una serie de beneficios tangibles, como una mejor salud mental y física, mayor claridad mental, bienestar emocional y relaciones más armoniosas en la vida. Estableciendo una rutina de meditación, buscando espacios tranquilos o practicando la meditación en movimiento, disfrutarás de estos beneficios en tu vida diaria. Recuerde que la meditación es un viaje continuo y que, con práctica y paciencia, cosechará sus recompensas en todos los ámbitos.

# 17
# El Yo Superior

En la Espiritualidad Cósmica, la comprensión del Yo Superior desempeña un papel fundamental. El Yo Superior es considerado la parte más elevada de la conciencia, conectada a la Fuente Divina y a la sabiduría cósmica. Conozcamos la importancia y los aspectos del Yo Superior en la Espiritualidad Cósmica, así como algunas prácticas para conectar y alinearse con esta parte esencial de tu ser.

Desde la perspectiva Cósmica, el Yo Superior es la expresión más auténtica de lo que realmente eres. Es la conexión con tu naturaleza divina y con la conciencia cósmica. El Yo Superior es puro amor, sabiduría y compasión, y tiene una visión expandida de la existencia más allá de las limitaciones del ego. Es la parte de ti que trasciende las ilusiones de separación y reconoce la unidad de toda la creación. Comprender y acceder al Yo Superior es esencial para el viaje espiritual y la evolución personal.

Una de las principales prácticas de la Espiritualidad Cósmica es aprender a reconocer y escuchar la voz del Yo Superior. Se comunica a través de percepciones, intuiciones, sincronicidades y sentimientos intensificados. O bien es una voz suave y amorosa que te guía hacia el propósito de tu vida y te ayuda a tomar decisiones en línea con tu verdadera esencia, o bien es una advertencia de algo inminente. ¿Quién no ha tenido alguna vez un fuerte presentimiento que se ha manifestado más tarde? La respuesta a esta pregunta muestra la presencia del Yo Superior.

Otra forma de percibir la forma de inteligencia separada de tu conciencia física es preguntarte si puedes elegir a quién amas, si puedes elegir qué plato te gusta más o si puedes decidir a qué vas a tener miedo o a qué no. Las respuestas a estas sencillas preguntas indican que hay otra forma de conciencia trabajando en ti, una más sutil e intuitiva, una voz que dicta pautas de comportamiento que no están subordinadas a tu conciencia física.

Pero puedes afinar tu contacto con esta voz. Para sintonizar con ella, necesitas cultivar la quietud interior a través de la meditación, la reflexión y el silencio, permitiendo que la sabiduría del Yo Superior se manifieste en tu conciencia.

La comprensión del Ser Superior no se limita a momentos de meditación o prácticas espirituales específicas. Es esencial integrar la conciencia del Ser

Superior en todos los aspectos de la vida. Esto significa vivir alineado con los valores superiores, actuar con amor y compasión, cultivar la gratitud y buscar la verdad en todas las situaciones. Cuando tomas conciencia de la presencia del Ser Superior en cada pensamiento, palabra y acción, empiezas a vivir una vida más auténtica, significativa y plena.

Prácticas para Conectar con el Ser Superior.

Hay varias prácticas en la Espiritualidad Cósmica que te ayudan a conectar y fortalecer tu vínculo con el Ser Superior. Algunas de ellas incluyen

Meditación:

Reserva un tiempo cada día para ir hacia tu interior, aquietar tu mente y abrirte a la presencia del Ser Superior.

Autoindagación:

Hazte preguntas profundas y reflexivas sobre tu vida, tu propósito y tu evolución espiritual, dejando que las respuestas fluyan desde el Ser Superior.

Visualización creativa:

Utiliza la visualización para conectar con la sabiduría y la guía del Ser Superior, creando imágenes mentales que representen tu conexión y alineación.

Prácticas de Amor y Gratitud:

Cultiva un corazón abierto, practica actos de bondad y gratitud en tu vida diaria, reconociendo al Ser Superior como la fuente de todo amor y abundancia.

A medida que avances en tu comprensión del Ser Superior, podrás vivir con mayor claridad, autenticidad y propósito. Reconoce que eres un ser multidimensional con una conexión directa con lo divino. Integrar el Ser Superior en tu viaje espiritual conduce a la expansión de la conciencia y a la manifestación de tu verdadera esencia en el mundo.

# 18
# Técnicas de comunicación

En la Espiritualidad Cósmica, la comunicación con el Ser Superior es una práctica esencial para buscar guía, claridad y sabiduría en el viaje espiritual. He aquí algunas técnicas poderosas para conectar y establecer un diálogo consciente con tu Ser Superior. Estas técnicas ayudan en la toma de decisiones, el desarrollo personal y la alineación con tu verdadera esencia.

La meditación es una herramienta poderosa para establecer una conexión profunda con el Ser Superior, como se ha descrito en páginas anteriores.

La escritura automática es la técnica en la que permites que tu Ser Superior se manifieste a través de la escritura. Coge un cuaderno y un bolígrafo y empieza a escribir libremente, sin juicios ni censuras. Deja que las palabras fluyan libremente, permitiendo que tu Yo Superior se exprese. Puedes empezar haciendo una pregunta o simplemente pidiendo orientación, y luego deja que las palabras fluyan de forma natural. Esta práctica puede ser sorprendente y reveladora, aportando profundas percepciones y respuestas a tus preguntas. Las técnicas para desarrollar la escritura automática se describen en las páginas anteriores.

Otra forma de comunicarte con tu Ser Superior es a través de un diálogo interno consciente. Tómate un momento tranquilo y establece un diálogo mental con tu Ser Superior. Haz preguntas y escucha las respuestas intuitivas que surgen en tu conciencia. Recuerda que el Ser Superior habla de forma amorosa y compasiva, así que estate abierto a recibir respuestas que difieran de tus expectativas. No tengas miedo, si vacías tu mente y tranquilizas tu consciencia oirás claramente la voz de tu Ser Superior. ¿Nunca has oído una voz que no sabes de dónde viene? ¿Nunca has oído que te llamen por tu nombre mientras entras o sales de un estado de vigilia antes o después de dormir?

El Ser Superior a menudo se comunica a través de señales o sincronicidades.

Las sincronicidades son acontecimientos o sucesos significativos y aparentemente coincidentes que ocurren en la vida, y que indican una conexión entre el mundo exterior y nuestro Yo Superior. Busca patrones repetitivos, encuentros inesperados, mensajes en sueños o cualquier acontecimiento que parezca significativo o simbólico. Estas señales pueden interpretarse como respuestas o confirmaciones de tu Ser Superior.

Mantente abierto y receptivo a las señales que te lleguen y confía en tu intuición para interpretarlas.

La expresión creativa también es una forma poderosa de comunicarse con el Ser Superior. La danza, la música, la pintura o cualquier forma de arte que resuene contigo abre canales de comunicación sutil. Permítete sumergirte en estas actividades con un espíritu de entrega y conexión con lo divino. Observa cómo la expresión creativa libera bloqueos, eleva tu vibración y permite que se manifieste tu verdadera esencia.

Recuerda que la comunicación con el Ser Superior es una práctica continua y varía de persona a persona. Experimenta con estas técnicas y descubre cuáles resuenan mejor contigo. Cultiva la confianza en tu capacidad para conectar con lo divino y ábrete a recibir la guía y la sabiduría de tu Ser Superior. A medida que profundices en tu conexión, serás guiado hacia una vida más auténtica, significativa y alineada con tu propósito espiritual.

# 19
# Canalización y mensajes

En la Espiritualidad Cósmica, la canalización es otra práctica que te permite recibir mensajes y guía de Seres de Luz. A través de la canalización, accedes a información elevada, visiones profundas y perspectivas cósmicas que te ayudan en tu viaje espiritual y evolución personal.

Antes de comenzar el proceso de canalización, es importante establecer un entorno pacífico y sagrado. Busca un lugar donde te sientas cómodo y libre de distracciones.

Haz una breve meditación para centrarte y elevar tu vibración.

Visualízate rodeado de una luz protectora y amorosa y pide la presencia y guía de los Seres de Luz en tu trabajo de canalización. Para facilitar la canalización, sintoniza con la energía cósmica. Esto puede hacerse a través de la visualización y la intención.

Imagínate rodeado de una luz azulada, similar al color de la estrella Arcturus. Siente cómo esta energía penetra en tu ser y conecta con la sabiduría y el amor de los Seres de Luz. Al abrirte a esta energía, permite que fluya libremente a través de ti mientras te preparas para recibir mensajes.

Una vez que hayas establecido una conexión con la energía Cósmica, es el momento de abrirte a la canalización. Esto puede hacerse de diferentes maneras, dependiendo de tus preferencias y habilidades. Algunas personas prefieren escribir los mensajes mientras canalizan, otras prefieren grabar sus voces o incluso canalizar verbalmente. Encuentra el enfoque que más resuene contigo.

Si optas por la canalización escrita, ten a mano un cuaderno o un ordenador. Comienza escribiendo un saludo a los Seres de Luz, expresando tu intención de recibir mensajes. A continuación, deja que las palabras fluyan libremente, sin juicios ni censuras. Deja que tu mano o tus dedos se muevan intuitivamente, captando los mensajes que se transmiten. Confía en el proceso y no te preocupes por la coherencia o la gramática. La claridad y la cohesión pueden mejorarse más adelante.

Si prefieres la canalización verbal, busca un lugar tranquilo donde puedas hablar en voz alta sin que te interrumpan. Comienza el proceso fijando tu intención e invitando a los Seres de Luz a compartir sus mensajes a través de ti. Empieza a hablar libremente, permitiendo que las palabras fluyan intuitivamente. Puede que sientas un cambio en tu voz, tono o incluso lenguaje y en la forma de expresarte. Confía en la sabiduría que se transmite a través de ti. Se recomienda grabar la canalización, ya que algunas personas logran una conexión más profunda y entran en trance, olvidando posteriormente lo verbalizado.

Una vez que hayas canalizado los mensajes de los Seres de Luz, es el momento de interpretarlos. Lee o escucha atentamente lo que se ha transmitido y permítete sentir la esencia de las palabras. Observa las percepciones, la guía o las enseñanzas que se han compartido. Confía en tu intuición y en la conexión que has establecido con los Seres de Luz. Recuerda que los mensajes pueden llegar en forma de símbolos, metáforas o imágenes, y que tu interpretación personal es valiosa.

Los mensajes canalizados de los Seres de Luz pretenden ayudarte en tu viaje espiritual y en tu evolución personal. Considera cómo puedes aplicar estos mensajes en la vida cotidiana. Reflexiona sobre las percepciones que has recibido y cómo pueden ayudarte a crecer personalmente, expandir tu conciencia y vivir con más amor, compasión y sabiduría. Intenta incorporar la guía a tus prácticas de meditación, al desarrollo de tus habilidades psíquicas o a tu relación con tu Ser Superior.

Canalizar y recibir mensajes de Seres de Luz es una forma maravillosa de ampliar tu conexión con el cosmos y recibir una valiosa guía espiritual. Recuerda acercarte a esta práctica con humildad, amor y respeto, mientras mantienes la intención de servir al bien más elevado. A medida que mejoras tu habilidad para canalizar, tu conexión con los Seres de Luz se fortalece, proporcionando un flujo continuo de sabiduría e iluminación.

## 20
# Guía Espiritual y Crecimiento Personal

En el viaje espiritual, la búsqueda de orientación es una parte fundamental del crecimiento personal. La orientación espiritual ayuda a encontrar claridad, propósito y dirección en la vida, así como a profundizar la conexión con la espiritualidad y lo divino.

El primer paso en la búsqueda de orientación espiritual es crucial en el viaje de autodescubrimiento y crecimiento personal. Es el momento de reconocer la necesidad de mirar más allá de uno mismo y buscar respuestas y dirección más allá de lo inmediatamente visible. Este reconocimiento suele producirse cuando uno se encuentra perdido, confuso o desorientado sobre su propósito y su camino en la vida.

Cuando te sientes perdido o desorientado, es como si estuvieras en un laberinto, incapaz de encontrar la salida por ti mismo. En este punto, es importante tener la humildad de admitir que necesitas ayuda y que no siempre puedes resolver todos tus problemas por ti mismo. Buscar orientación espiritual es una demostración de apertura a recibir percepciones y sabiduría externa, ya sea a través de un guía espiritual, un mentor, una práctica religiosa o incluso mediante la conexión con la naturaleza y la energía del universo. Buscar orientación espiritual genera por sí mismo un cambio en el estado mental, abriendo el alma para recibir energías sutiles de ayuda.

Cuando te permites buscar orientación espiritual, estás dando un paso importante hacia una comprensión más profunda de ti mismo y de tu propósito en la vida. La orientación espiritual te ayuda a ver más allá de las capas superficiales de la existencia; es una conexión con la esencia más profunda de tu ser.

En este proceso de búsqueda, es habitual encontrarse con preguntas fundamentales sobre quién eres realmente, cuál es el sentido de tu existencia y cómo podrías vivir de forma más auténtica y acorde con tus valores y aspiraciones. La orientación espiritual ayuda a encontrar respuestas, iluminando el camino que hay que recorrer.

La búsqueda de orientación espiritual puede adoptar distintas formas, dependiendo de las creencias y valores individuales. Algunas personas pueden encontrar inspiración a través de prácticas religiosas, mientras que otras pueden preferir conectar con la naturaleza, meditar o buscar conocimiento y sabiduría en libros y enseñanzas espirituales. Independientemente del camino que elijas, la orientación espiritual te ofrece un valioso apoyo en tu viaje de autodescubrimiento y crecimiento. Te ayuda a desarrollar una conexión profunda contigo mismo, con otros seres y con el universo en su conjunto. En tiempos difíciles, la orientación espiritual te da la fuerza necesaria para afrontar los retos con mayor valentía y sabiduría.

En la Espiritualidad Cósmica existen varias fuentes de guía espiritual. Puedes buscar la sabiduría de los Seres de Luz a través de la canalización, como se mencionó anteriormente. Además, hay otras formas de guía que puedes explorar, como acudir a mentores espirituales, guías espirituales, libros sagrados y prácticas meditativas. Incluso tu Ser Superior puede ser una poderosa fuente de conocimiento y guía.

Cada una de estas fuentes de orientación aporta una perspectiva única y valiosa que puede ayudar a tu crecimiento espiritual. Es importante destacar que la Espiritualidad Cósmica respeta todas las formas de fe, sean cuales sean. Al referirnos a mentores o guías espirituales, la idea es que puedas adaptar estos conceptos a tu propia forma de entender la espiritualidad.

En este contexto, profundicemos un poco más en las fuentes de guía espiritual vinculadas a los Seres de Luz.

La intuición.

En la Espiritualidad Cósmica, la intuición ocupa un lugar central como herramienta poderosa para recibir guía espiritual. Te permite ir más allá de los límites de la mente racional, accediendo a información y percepciones que van más allá de lo que se puede percibir con los sentidos físicos. La intuición es un puente que te conecta con la sabiduría divina y te guía hacia elecciones y decisiones acordes con tu camino espiritual.

Desarrollar y cultivar la intuición es una valiosa habilidad que puedes perfeccionar. Es como afinar un instrumento para captar las sutiles vibraciones del universo y escuchar su melodía oculta. Con la práctica, puedes afinar tu intuición para que se convierta en una brújula fiable en tu viaje espiritual.

A diferencia de la mente racional (que se basa en datos e información del pasado), la intuición opera en el presente, conectando con la energía y la verdad subyacentes en una situación determinada. Es capaz de percibir matices y detalles que escapan a la mente consciente, lo que te permite tomar mejores decisiones en sintonía con tu yo más profundo.

Confiar en tu intuición es esencial para recibir una orientación clara y auténtica. Sin embargo, a menudo puedes dejarte influir por dudas e inseguridades que oscurecen la claridad de tu intuición. Practicar el autoconocimiento y la meditación calma la mente y elimina las interferencias que te impiden escuchar la voz interior.

En la Espiritualidad Cósmica, la intuición se considera una comunicación directa con el plano superior. A través de ella, recibes percepciones y mensajes de seres espirituales que te guían y apoyan en tu viaje de crecimiento personal. Es como si sintonizaras una emisora de radio cósmica, captando transmisiones diseñadas para ayudarte en tu camino evolutivo.

Además, la intuición también es capaz de alertarte de situaciones peligrosas o guiarte hacia oportunidades que pueden pasar desapercibidas para la mente consciente. Es una voz interior que no debes ignorar, ya que a menudo te ofrece una visión más profunda y completa de las circunstancias a las que te enfrentas.

Sin embargo, es importante recordar que la intuición no es infalible. Puede verse influida por las emociones y los deseos personales, y es esencial combinarla con el discernimiento y el sentido común. Utilizar la intuición junto con la mente racional permite un enfoque equilibrado y completo de tus decisiones y elecciones.

Prácticas de conexión y apertura.

Recibir guía espiritual de forma efectiva requiere un estado de apertura y receptividad. Para cultivar esta apertura, puedes incorporar a tu vida diaria prácticas específicas que te ayudarán a conectar con la espiritualidad, creando un espacio para recibir percepciones y guía desde el plano espiritual. Algunas de estas prácticas incluyen la meditación, la contemplación, la oración y los rituales sagrados, cada uno de los cuales desempeña un papel importante en el fortalecimiento de la conexión espiritual.

Meditación.

La meditación (explicada en páginas anteriores) es una de las prácticas más poderosas para lograr la conexión interior y la apertura espiritual. Al silenciar la mente y volver al momento presente, se abre el espacio para acceder a niveles más profundos de conciencia. A través de la meditación, puedes acallar el ruido mental, liberar tensiones y preocupaciones, y estar receptivo para recibir percepciones y mensajes del universo. Te ayuda a sintonizar con tu intuición y a establecer una conexión más profunda con tu esencia espiritual.

Además de la meditación, la contemplación es otra práctica valiosa para la apertura espiritual. Dedicar tiempo a reflexionar sobre las cuestiones esenciales de la vida permite conectar con valores y objetivos más profundos. A través de la contemplación, puedes obtener claridad sobre aspiraciones y retos, así como comprender cómo se relacionan con tu viaje espiritual. Este tipo de autoexamen te hace más receptivo a recibir la guía que puede dirigir tu camino.

La oración.

La oración es una práctica espiritual extremadamente importante y significativa, ya que es una de las formas de establecer una comunicación directa con el plano espiritual. Al dirigir tus oraciones e intenciones a un poder superior, ya sea una deidad, un guía espiritual o el universo mismo, abres una línea de conexión que trasciende el plano material y te conecta con algo más grande que tú mismo.

A través de la oración, puedes expresar tus anhelos, tu gratitud y tus necesidades más profundas. Es una forma de hablar con lo divino, de compartir tus preocupaciones y esperanzas, tus alegrías y penas. La oración te permite ser auténtico, porque no hay juicios ni limitaciones sobre los sentimientos y las palabras. Es un espacio sagrado donde puedes expresarte plenamente, sabiendo que eres escuchado y comprendido.

La oración también ofrece una oportunidad para la escucha interior. Al abrir tu corazón y tu mente a través de la oración, creas un espacio para recibir respuestas y orientación. Estas respuestas pueden llegar de diferentes maneras, ya sea a través de señales, sincronicidades o percepciones enviadas desde el plano espiritual.

Las señales pueden manifestarse de forma sutil, como acontecimientos inesperados que parecen estar relacionados con tus oraciones, o incluso de forma más obvia, como un encuentro con alguien que te ofrece un mensaje significativo. Las sincronicidades son acontecimientos fortuitos que parecen tener un significado especial y te ayudan a darte cuenta de que estás alineado con algo más grande que tú. Por otro lado, las intuiciones son ideas o conocimientos profundos que surgen de la intuición y la sabiduría interior, y que suelen ser más accesibles tras momentos de oración y reflexión.

A través de la oración, también puedes alimentar un sentido de conexión y propósito en la vida. Al conectar con algo más grande y elevado, sientes que perteneces a un todo mayor, que formas parte de un plan más grande y significativo. Esto te da consuelo y valor, especialmente en tiempos difíciles.

Es importante recordar que la oración va más allá de las palabras. La actitud de corazón abierto y mente receptiva durante la oración es fundamental. La sinceridad y la fe puestas en las oraciones fortalecen la conexión con el plano espiritual, haciendo que la experiencia de la oración sea aún más profunda y significativa.

Rituales sagrados.

Profundidad y significado de los rituales sagrados en la conexión espiritual Los rituales sagrados desempeñan un papel destacado en la búsqueda de la conexión espiritual y se han practicado en diversas culturas y tradiciones a lo largo de la historia. Aunque pueden variar mucho según las creencias y costumbres, todos tienen en común la esencia de ser expresiones simbólicas de conexión con lo sagrado y lo trascendente.

En su esencia, los rituales son mucho más que meras repeticiones de acciones o ceremonias vacías, son formas de expresar devoción, reverencia en la búsqueda de conexión con fuerzas superiores, entidades divinas o el universo en su conjunto. A través de los rituales sagrados, se trasciende el plano material y se entra en una dimensión profunda y espiritual de la existencia.

Una de las principales características de los rituales sagrados es su capacidad para elevar la conciencia. Crean un espacio especial y sacralizado en el que sintonizas con dimensiones superiores de tu propia espiritualidad. Al implicarte en cada etapa del ritual, ya sea mediante gestos, palabras o símbolos, abres las puertas a estados de conciencia más expandidos. Estos momentos te permiten trascender tus preocupaciones cotidianas conectando con algo que va más allá de lo efímero, llegando al núcleo de lo verdaderamente esencial.

Otra función importante de los rituales sagrados es crear una atmósfera favorable para recibir guía espiritual. A través de ellos, se establece un canal de comunicación con lo divino y se sintoniza con la sabiduría cósmica. Los rituales son como un puente entre el plano terrenal y el espiritual, que te permite acercarte a los misterios de la existencia mientras recibes valiosas percepciones y orientación.

Los rituales sagrados no tienen por qué realizarse individualmente; muchos se practican en comunidad. La experiencia de participar en rituales junto a otras personas crea un sentimiento de pertenencia y unión con algo más grande que uno mismo. Esta conexión comunitaria refuerza la experiencia espiritual y nos recuerda que todos estamos interconectados en un viaje espiritual.

Es esencial adaptar la práctica ritual a la forma que más resuene contigo. Algunas personas prefieren la quietud, encontrando en la serenidad la forma en que más se identifican con la espiritualidad. Por otro lado, otras personas se benefician de la energía compartida durante los rituales colectivos, sintiéndose fortalecidas por el poder de la comunidad. La Espiritualidad Cósmica valora la diversidad de enfoques y la importancia de encontrar el camino espiritual más alineado con tus preferencias y necesidades individuales.

Los rituales sagrados abarcan una amplia variedad de prácticas, desde ritos de paso y celebraciones estacionales hasta ceremonias de sanación y purificación. La elección de los rituales depende de las creencias y tradiciones individuales, y todo el mundo puede encontrar significado y propósito en sus propias prácticas rituales.

Prácticas espirituales:

Crear una rutina de prácticas espirituales es una forma poderosa de nutrir la conexión interior sintonizando con la esencia más profunda del ser. Al dedicar tiempo y energía a estas prácticas, abres espacio para recibir orientación e inspiración en tu camino espiritual.

Una de las prácticas espirituales que pueden enriquecer tu rutina es llevar un diario espiritual. Escribir tus pensamientos, reflexiones y experiencias en un diario te permite procesar emociones y explorar percepciones. Al registrar tus intuiciones y observar patrones en tu vida, obtienes claridad sobre tu crecimiento personal y espiritual.

Otra práctica consiste en leer textos espirituales inspiradores. Los libros, artículos o poemas que abordan temas profundos y significativos inspiran la reflexión sobre la vida, el propósito y la existencia. Estas lecturas amplían tu comprensión y te conectan con ideas y conceptos que resuenan con tu ser interior.

Conectar con la naturaleza también es una valiosa práctica espiritual. Al pasar tiempo al aire libre, ya sea en un parque, un bosque o una playa, reconectas con la belleza y la armonía de la naturaleza. Esta conexión te ayuda a sentirte parte de algo más grande, recordándote la interconexión de todas las cosas.

Otra práctica espiritual que puedes incorporar a tu rutina es realizar actos de bondad. Al tender una mano a alguien que lo necesita, cultivas el amor y la compasión en tu corazón. Estas acciones altruistas te conectan con el espíritu de generosidad y ayudan a crear una comunidad más unida y armoniosa. Una forma excelente de practicar esta bondad de forma anónima es donando sangre.

La donación de sangre se considera un acto de bondad y generosidad por varias razones. Al donar sangre, contribuye directamente a salvar vidas. La sangre donada se utiliza en diversas situaciones, como transfusiones para pacientes sometidos a cirugía, tratamiento médico, accidentes graves y para personas que padecen enfermedades que requieren transfusiones periódicas. La donación de sangre es un gesto altruista, ya que se dona sin esperar nada a cambio. Es una forma de ayudar a personas que ni siquiera conoces, lo que demuestra empatía y compasión por el prójimo.

La gratitud es también una práctica espiritual sencilla y poderosa. Dedicar un momento cada día a expresar gratitud por las bendiciones de nuestra vida nos permite centrarnos en lo que es positivo y abundante. Esta práctica aporta una sensación de satisfacción y te conecta con la fuente de la alegría que hay en ti.

Al adoptar una rutina que incluya estas prácticas espirituales, nutres tu ser interior y creas un espacio favorable para recibir orientación y crecimiento espiritual. Estas prácticas te recordarán tu conexión con lo sagrado y te guiarán hacia el autodescubrimiento y la expansión de tu conciencia espiritual.

En resumen, las prácticas de conexión y apertura son fundamentales para recibir orientación espiritual de forma eficaz. A través de la meditación, la contemplación, la oración y los rituales sagrados y otras prácticas comentadas anteriormente, conectas con tu espiritualidad, aquietas la mente y creas espacio para recibir percepciones y orientación desde el plano espiritual. Estas prácticas fortalecen la intuición y establecen una conexión profunda con la esencia espiritual, creando un entorno favorable para recibir la guía que buscas.

Al recibir orientación espiritual, es esencial ejercer el discernimiento y la autenticidad. No toda la orientación es apropiada, y es importante evaluar si realmente resuena con tu esencia y tus valores. El discernimiento te permite separar lo que es auténtico y elevado de lo que no lo es, y debes confiar en tu intuición y en la sabiduría de tu corazón a la hora de evaluar los mensajes que recibes, buscando siempre la guía que te conduzca al mayor crecimiento personal y espiritual.

Recuerda que la verdadera orientación espiritual no consiste sólo en recibir intuiciones y orientación, sino también en aplicarlas a tu vida diaria. Es a través de la práctica como se experimenta el crecimiento y la transformación. Cuando recibas orientación espiritual, es importante que consideres cómo puedes incorporar esas percepciones a tus acciones, relaciones y elecciones. La orientación espiritual te invita a vivir de acuerdo con los valores y principios de la Espiritualidad Cósmica, aportando paz, amor y sabiduría al mundo.

Al buscar orientación espiritual y trabajar en tu crecimiento personal, dejas espacio para la expansión de tu conciencia y la manifestación de tu potencial más elevado. La orientación te guía hacia tu verdadera esencia y te apoya en tu viaje espiritual. Recuerda que la orientación espiritual es un proceso continuo y que, a medida que te abres a recibir y aplicar esta orientación en tu vida, evolucionas constantemente y te acercas a tu conexión con lo divino. Del mismo modo, la práctica de la espiritualidad puede compararse al alimento diario que se le da a un niño, que le hace crecer cada día ante tus propios ojos, aunque no te des cuenta. Al igual que un niño que crece cada día, tu conexión espiritual también se desarrolla gradualmente, aunque este progreso no siempre sea perceptible de inmediato.

# 21
# Co-creación con el Yo Superior

La Espiritualidad Cósmica te reconoce como un ser multidimensional que tiene una conexión directa con el Yo Superior, tu esencia divina y eterna. Co-crear con el Ser Superior es una práctica poderosa que te permite manifestar tu verdadera esencia.

Como se explicó anteriormente, el Ser Superior es la parte más elevada y sabia de tu ser, es la conexión directa con lo divino y tiene una comprensión amplia y profunda de tu viaje espiritual. Reconocer el Yo Superior es reconocer que eres algo más que un ser físico, es reconocer que hay una sabiduría divina y accesible dentro de ti. Es una invitación a entrar en contacto con esta parte superior de ti y establecer una conexión consciente con ella.

La co-creación con el Ser Superior es un proceso de colaboración entre tu personalidad terrenal y tu esencia divina. Es reconocer que tienes el poder de manifestar tu realidad y que puedes hacerlo en alineación con la voluntad y la sabiduría de tu Ser Superior. La co-creación implica tomar conciencia de tus pensamientos, emociones y acciones, buscando siempre la alineación con la visión superior y los propósitos de tu esencia divina.

Para co-crear con el Ser Superior, es esencial cultivar un profundo sentido de alineación y confianza. Esto significa estar en armonía con los valores y propósitos elevados, actuando en coherencia con ellos. Cuando te alineas con tu Yo Superior, estás abierto a recibir la guía y la inspiración divinas. La confianza te permite seguir esta guía, aunque no siempre entiendas del todo por qué. Es creer que estás siendo guiado hacia el mejor resultado posible.

Existen varias prácticas que fortalecen la conexión y la co-creación con el Ser Superior. Así como la oración nos enseña a buscar la paz, la armonía y el discernimiento a través de la comunicación con un Ser Superior, la Espiritualidad Cósmica te invita a conectar con tu esencia divina y a utilizar técnicas de autoafirmación alineadas con la ley de la atracción.

La meditación (explicada en capítulos anteriores) es una poderosa herramienta para silenciar la mente y sintonizarla con la voz de tu esencia divina. Durante la meditación, puedes dirigir tus intenciones y deseos hacia el universo, utilizando la visualización creativa para manifestar tus sueños y deseos.

Otra forma de fortalecer tu conexión con el Ser Superior es a través del diálogo consciente. Puedes hacer preguntas y reflexionar sobre tus intenciones, buscando percepciones y orientación que provengan de tu esencia divina. Esta práctica te permite establecer una comunicación profunda con el universo para recibir respuestas y señales que te guiarán en tu camino.

La práctica de la gratitud también desempeña un papel fundamental en la Espiritualidad Cósmica. Expresar gratitud por lo que tienes y por lo que quieres atraer a tu vida es una forma poderosa de alinear tu energía con las fuerzas del universo. Al reconocer y apreciar las bendiciones presentes en tu vida, creas un estado de abundancia y apertura para recibir aún más.

Utilizar afirmaciones positivas también es una técnica valiosa para cultivar la mentalidad de co-creación. Al afirmar positivamente tus intenciones y deseos, estás reprogramando la mente subconsciente a la vez que envías un mensaje claro al universo sobre lo que quieres manifestar en tu realidad.

Por lo tanto, al incorporar estas prácticas en tu viaje espiritual, estás alineando conceptos presentes en la oración y la ley de la atracción con las enseñanzas de la Espiritualidad Cósmica. Al conectar con tu Ser Superior, expresar gratitud, utilizar la visualización creativa y las afirmaciones positivas, estás co-creando conscientemente tu realidad, haciendo espacio para la manifestación de tus propósitos y deseos más elevados.

Al co-crear con el Ser Superior, es importante practicar el dejar ir y estar abierto a las oportunidades y posibilidades que surgen en el camino. Esto implica dejar de lado las expectativas rígidas y confiar en que el universo está apoyando tu crecimiento. A veces, lo que pides puede manifestarse de forma diferente a lo que imaginas, pero confía en que el resultado es ideal para tu crecimiento y deja que fluya la magia de la co-creación.

Aunque co-crear con el Ser Superior es un proceso de colaboración, también es importante recordar que eres co-responsable de la manifestación de tu realidad. Asumir la responsabilidad de tus elecciones, pensamientos y emociones te permite ser consciente e intencional en la co-creación. Además, mantener la integridad personal, actuando en alineación con los valores y principios, fortalece la conexión con el Ser Superior y apoya la manifestación de tus deseos.

Co-crear con el Ser Superior es una invitación a vivir una vida auténtica, significativa y con propósito. A medida que conectas con tu esencia divina y aplicas los principios de la co-creación a tu viaje, experimentas una mayor alineación con tu verdadera esencia, manifestando la realidad que refleja tu visión más elevada. Que esta práctica guíe tu camino hacia tu potencial ilimitado y la plena expresión de tu esencia Cósmica.

# 22
# Principios Energéticos

En la Espiritualidad Cósmica, es necesario darse cuenta de que todo es energía y que estás constantemente interactuando con el vasto campo energético que te rodea. En este contexto, es importante explorar los principios energéticos que rigen la existencia y decidir conscientemente cómo trabajar con estas energías para promover la curación, el equilibrio y el crecimiento espiritual.

El primer principio energético fundamental es reconocer la unidad y la interconexión de todas las cosas. Desde la perspectiva cósmica, se entiende que todos los seres y objetos forman parte de una vasta red de energía interconectada. Esto significa que tus acciones e intenciones tienen el potencial de afectarte no sólo a ti, sino también al mundo que te rodea. Al honrar esta interconexión, te conviertes en un agente consciente del cambio positivo, promoviendo la armonía y el equilibrio en tu vida y en la vida del planeta.

Otro principio importante de la Espiritualidad Cósmica es la comprensión de que todo en el universo tiene una vibración única. Cada pensamiento, emoción u objeto físico emite una frecuencia energética determinada. Al sintonizar tu vibración a un estado de mayor amor, gratitud y compasión, atraes y manifiestas experiencias positivas en tu vida. Esto se debe a que estás en resonancia con energías de mayor armonía y abundancia. Consciente de este principio, puedes cultivar intencionadamente una vibración elevada y contribuir a la creación de un entorno energético más saludable.

La Espiritualidad Cósmica es un enfoque que se basa en las creencias y enseñanzas de una civilización especial: los Arcturianos. Los Arcturianos son seres evolucionados que habitan en la estrella Arcturus. Son formas de energía conscientes que residen en una dimensión superior, conocida como la quinta dimensión.

Lo que hace tan especiales a los Arcturianos es que han alcanzado un alto nivel de evolución espiritual, lo que les permite acceder a la «fuente de todas las cosas», una poderosa fuerza universal que algunas religiones llaman Dios. Se les considera guardianes de la sabiduría cósmica y están dotados de una profunda conexión con la energía universal que impregna el universo.

Para formarse una imagen mental de los Arcturianos Imagíneselos como seres etéreos, llenos de luz y comprensión, que trascienden las limitaciones del espacio y el tiempo. Su conciencia elevada les permite comprender las verdades más profundas del cosmos.

Dentro de la Espiritualidad Cósmica, los Arcturianos son vistos como guías espirituales y mentores, que ayudan a otras formas de vida en su viaje de crecimiento y expansión de conciencia.

Aunque su existencia es algo más allá de nuestra comprensión física, los Arcturianos son considerados una fuente de inspiración y sabiduría, animándonos a buscar la evolución espiritual y la conexión con lo divino en nuestro propio camino. Esta es la esencia de la Espiritualidad Cósmica y su visión de los seres que habitan la estrella Arcturus.

Desde este punto de vista, la comprensión de la polaridad es esencial para el desarrollo espiritual y el avance de la conciencia. Según la perspectiva Cósmica, todas las cosas en el universo están interconectadas, son interdependientes, y la polaridad es una parte fundamental de esta interconexión.

La polaridad es la manifestación de dualidades opuestas que coexisten en todas las cosas. Un ejemplo clásico es el concepto del yin y el yang en la filosofía china, que representa la dualidad complementaria de fuerzas opuestas, como la luz y la oscuridad, lo positivo y lo negativo, la expansión y la contracción. Estas polaridades no sólo son opuestas, sino también complementarias, equilibrándose mutuamente. En la Espiritualidad Cósmica, esta idea se aplica más ampliamente para abarcar todas las áreas de la existencia.

Para alcanzar un estado de mayor plenitud y crecimiento, la Espiritualidad Cósmica fomenta la integración y el equilibrio de estas polaridades. Esto implica aceptar tanto la luz como la oscuridad dentro de ti, dándote cuenta de que ambas son partes esenciales del todo. Significa reconocer la importancia de equilibrar lo masculino y lo femenino, independientemente del género, porque ambos aspectos son inherentes a todos.

Además, la Espiritualidad Cósmica enseña que la búsqueda del equilibrio no es sólo interna, sino que también se aplica a las relaciones con el mundo exterior. Es comprender que cada experiencia que se tiene -tanto agradable como desafiante- tiene un propósito y ofrece oportunidades de aprendizaje y crecimiento.

Al trabajar para integrar estas polaridades a través del prisma de la Espiritualidad Cósmica, alcanzas un estado de mayor armonía, paz interior y conciencia expandida. Este camino espiritual implica un viaje continuo de autodescubrimiento, autoaceptación y aprendizaje en la búsqueda de la sintonía con el flujo natural del universo.

Aunque la Espiritualidad Cósmica puede no ser ampliamente conocida o aceptada en todas las comunidades espirituales, para aquellos que se identifican con esta perspectiva, la comprensión de la polaridad y la búsqueda del equilibrio son herramientas valiosas para mejorar el viaje espiritual y conectar con el universo en su conjunto.

El principio de la intención y el enfoque en la Espiritualidad Cósmica es una clave poderosa para desbloquear el potencial creativo que reside dentro de ti. Este enfoque destaca la importancia de ser proactivo en la dirección de tus deseos y aspiraciones, canalizando conscientemente tu energía para crear la realidad que anhelas.

En esencia, la intención es la brújula que señala el camino y da forma al viaje espiritual. Cuando tienes claro lo que quieres manifestar en tu vida, sintonizas con la esencia de tus metas y sueños. Al definir tus intenciones de forma positiva y significativa, estableces una conexión profunda con tu propósito interior, aportando un significado más elevado a todo lo que haces.

Sin embargo, la intención por sí sola no es suficiente. Es a través del enfoque como concentras tus energías y esfuerzos en la dirección que eliges. En un mundo lleno de distracciones y estímulos externos, el poder de mantener la concentración es verdaderamente transformador. Cuando te dejas arrastrar por pensamientos dispersos o distracciones superficiales, tu energía se disipa y la manifestación de tus deseos se vuelve más difícil.

La Espiritualidad Cósmica te guía para que cultives la capacidad de permanecer centrado y alineado con tus objetivos, independientemente de las circunstancias externas. Al mantener claridad y firmeza en tu intención, fortaleces tu conexión con el flujo universal de energía, permitiendo que tus creaciones se desarrollen con mayor fluidez.

Sintonizar con el flujo universal es un aspecto fundamental del enfoque Cósmico. A medida que alineas tu energía con la vibración superior del universo, se crea una poderosa sinergia que amplifica tus intenciones, creando un canal claro para la manifestación de tus deseos más profundos.

Sin embargo, es importante recordar que la intención y el enfoque deben combinarse con la confianza y la entrega al proceso creativo. A veces la realidad puede manifestarse de forma diferente a la esperada, pero creer en el poder de la intención y estar abierto a nuevas posibilidades te permite reconocer el flujo universal y abrazar las oportunidades que se te presentan.

La esencia de la sanación y la transmutación de la energía en la Espiritualidad Cósmica es una invitación a sumergirte profundamente en tu propia esencia, explorando y liberando las energías que afectan a tu equilibrio y bienestar. Tu viaje interior comienza reconociendo que tus emociones, pensamientos y experiencias pasadas dejan huellas energéticas en tu interior.

Desde esta perspectiva, la transmutación es el proceso de transformar y elevar estas energías densas a frecuencias más altas y positivas, permitiendo la curación y el equilibrio a todos los niveles. Es la capacidad de liberar bloqueos y patrones negativos, sustituyéndolos por energías más elevadas, elevando las vibraciones positivas.

Las prácticas de sanación energética, ampliamente valoradas por los Seres de Luz, son herramientas preciosas en el proceso de liberación y transmutación. Veamos algunas de ellas desde la perspectiva de la transmutación.

La meditación, por ejemplo, es un portal hacia la quietud interior, donde conectas con tu esencia más profunda. Al permitirte sumergirte en las aguas tranquilas de tu mente, identificas y liberas bloqueos energéticos que te frenan en el pasado o perturban tu paz actual.

La visualización es otra práctica transformadora que te permite crear imágenes mentales de curación y renovación. Al proyectar tu mente en un escenario positivo, visualizándote pleno y equilibrado, aceleras el proceso de curación y transmutación. La visualización es un poderoso aliado para disolver patrones energéticos negativos y sustituirlos por energías elevadas y positivas.

La curación y la transmutación energéticas no se limitan a la dimensión individual; también tienen el poder de afectar a tu conexión con el mundo que te rodea. A medida que sanas internamente, también contribuyes a la sanación colectiva. Tus energías transformadas irradian más allá de ti, tocando las vidas de los que te rodean, contribuyendo a la creación de una vibración más elevada en tu entorno.

El proceso de sanación y transmutación energética es continuo y requiere dedicación y autocompasión. A medida que profundices en tu viaje de sanación, encontrarás capas profundas de emociones y creencias que necesitan atención y liberación. En este proceso, es esencial ser amable con uno mismo y permitirse sentir y liberar lo que sea necesario para promover una curación profunda y duradera.

Al adoptar el principio de curación y transmutación de la energía en la Espiritualidad Cósmica, se te invita a convertirte en guardián de tu propia energía, trabajando diligentemente para crear un estado de equilibrio y armonía en todos los aspectos de tu ser. Al abrirte a la sanación, te alineas con tu verdadera esencia y te conviertes en cocreador de una realidad más brillante y amorosa, tanto para ti como para el mundo que te rodea.

Otra técnica es Fluir y Aceptar.

El principio de fluidez y aceptación te enseña a fluir con las energías del universo en lugar de resistirte a ellas. Es importante reconocer que la vida es un viaje de cambios constantes y que no todo está bajo tu control. Al cultivar una postura de aceptación y apertura, permites que la energía fluya libremente en tu vida, facilitando el crecimiento, la transformación y la manifestación de tu máximo potencial.

Al comprender y aplicar estos principios energéticos a tu viaje espiritual, expandes tu conciencia, profundizas tu conexión con el Ser Superior y creas una realidad que está alineada con la esencia Cósmica. La energía es una herramienta poderosa que tienes a tu disposición. Utilizándola sabiamente, desvelas los misterios del universo y despiertas tu potencial ilimitado.

# 23
# Ejercicios de Alineación Energética

Ahora explorarás algunos ejercicios de alineación energética practicados en la Espiritualidad Cósmica. Estos ejercicios tienen como objetivo promover el equilibrio, la armonía y la expansión de la conciencia, permitiéndote sintonizar con la energía universal y conectar profundamente con tu Ser Superior. He aquí algunas prácticas que puedes incorporar a tu rutina diaria para fortalecer y equilibrar tu campo energético.

Antes de sumergirte en los ejercicios de alineación energética, es importante que conozcas los chakras. Los chakras son centros energéticos situados a lo largo de la columna vertebral, cada uno de los cuales corresponde a diferentes aspectos de la vida física, emocional, mental y espiritual. Explora brevemente cada uno de ellos, su ubicación y el color correspondiente.

Chakra Raíz (Muladhara)

Situado en la base de la columna vertebral, en la región del coxis, este chakra se asocia con la supervivencia, la seguridad y la conexión con la tierra. Su color es el rojo.

Chakra sacro (Swadhisthana)

Situado debajo del ombligo, este chakra está relacionado con la creatividad, el placer y la expresión emocional. Su color es el naranja.

Chakra del plexo solar (Manipura)

Situado en la zona del estómago, este chakra está relacionado con el poder personal, la autoestima y la confianza en uno mismo. Su color es el amarillo.

Chakra del corazón (Anahata)

Situado en el centro del pecho, este chakra está relacionado con el amor, la compasión y la conexión emocional. Su color es el verde.

Chakra de la garganta (Vishuddha)

Situado en la garganta, este chakra está relacionado con la comunicación, la expresión y la verdad. Su color es el azul cielo.

Chakra del tercer ojo (Ajna)

Situado en el entrecejo, este chakra está relacionado con la intuición, la sabiduría y la claridad mental. Su color es el índigo (azul marino).

Chakra de la Corona (Sahasrara)

Situado en la parte superior de la cabeza, este chakra está relacionado con la conexión con lo divino, la espiritualidad y la expansión de la conciencia. Su color es el violeta o el blanco.

Meditación del centro energético.

La meditación de los centros de energía es una práctica poderosa para conectar con estos centros. Empieza por sentarte cómodamente en un lugar tranquilo.

Cierra los ojos y concéntrate en tu respiración. A continuación, visualiza una luz blanca o dorada que sale de la parte superior de la cabeza y recorre todo el cuerpo, penetrando suavemente en cada chakra, desde el chakra coronario hasta el chakra raíz.

Siente cómo la luz vitaliza y equilibra cada centro energético a medida que los atraviesa. Permanece en esta visualización durante unos minutos, permitiéndote sentir la armonía y la integración en todo tu ser.

Limpieza energética con la Llama Violeta.

La llama violeta es una herramienta de transmutación y limpieza energética muy utilizada en la Espiritualidad Cósmica. Esta práctica tiene como objetivo liberar las energías negativas, transmutándolas en luz y amor.

Siéntate en un espacio tranquilo y visualízate rodeado por una llama violeta brillante.

Deja que esta llama penetre en tu campo energético, disolviendo cualquier bloqueo, pensamiento limitante o emoción densa. Imagina que la llama violeta transmuta estas energías en luz y las libera en el universo. Siéntete cada vez más ligero, purificado y alineado con la energía cósmica del amor y la sanación.

Respiración consciente.

La respiración consciente es otra práctica sencilla y poderosa que te ayuda a sintonizar con el momento presente y con tu propia energía. Busca un lugar tranquilo donde puedas sentarte cómodamente.

Cierra los ojos y empieza a prestar atención a tu respiración.

Respira profundamente por la nariz, llenando de aire el abdomen y el pecho. Luego exhala lentamente por la boca, liberando cualquier tensión o preocupación.

Mientras sigues respirando conscientemente, deja que tu respiración se vuelva suave, fluida y rítmica.

Siente cómo la energía vital fluye en sincronía con tu respiración, nutriendo y equilibrando tu ser. Puedes imaginar que se inhala humo purificador mientras se exhala humo más denso, sintiendo que cada exhalación es un proceso de limpieza. Mientras el humo puro, que representa las buenas energías, entra a través de la aspiración y se instala en tu ser, el humo denso abandona tu cuerpo y se dirige hacia el vasto universo.

Visualización creativa.

La visualización creativa es una práctica poderosa para dirigir conscientemente la energía y manifestar deseos e intenciones.

Elige un objetivo o una intención que quieras manifestar y crea una imagen vívida en tu mente.

Visualízate ya viviendo esa realidad, sintiendo las emociones positivas asociadas a ella. Mientras visualizas, permite que tu energía se alinee con la realidad deseada, expandiéndose para encarnarla plenamente.

Siéntete conectado a la energía cósmica de la sabiduría, el amor y la manifestación mientras realizas esta práctica. Confía en tu capacidad de co-crear la realidad y permite que la energía universal trabaje en armonía contigo.

Baño de Energía Cósmica.

Un Baño de Energía Cósmica es una práctica sencilla y relajante que te permite absorber e integrar las energías curativas y armoniosas de los Seres de Luz.

Llena una bañera con agua tibia y añade unas gotas de aceite esencial de lavanda o eucalipto para promover aún más la relajación.

Al entrar en la bañera, imagínese inmerso en una luz blanca o dorada que baña todo su ser.

Siente cómo la energía cósmica penetra profundamente en tu campo energético, limpiándote, sanándote y fortaleciéndote. Permítase relajarse y absorber esta energía durante el tiempo que desee, y siéntase renovado y equilibrado después del baño energético.

Estos ejercicios de alineación energética son sólo algunas de las prácticas que puedes incorporar a tu viaje espiritual. Practicándolas regularmente, fortaleces tu conexión con tu Ser Superior, expandiendo tu conciencia y promoviendo el equilibrio y la armonía en todos los aspectos de tu vida.

# 24
# Curación y equilibrio

Exploremos la increíble capacidad de curación y equilibrio que proporcionan las energías en la Espiritualidad Cósmica. A medida que expandes tu conciencia y te conectas con las energías del universo, puedes acceder a un poderoso flujo de sanación y transformación. Es hora de explorar algunas prácticas y conceptos relacionados con la sanación y el equilibrio a través de las energías cósmicas.

En la Espiritualidad Cósmica, todas las formas de sanación tienen su origen en la Fuente, la Fuente es la energía primordial del universo. Al reconocerte como un ser interconectado a esta Fuente, haces espacio para recibir las energías cósmicas de sanación y equilibrio. Puedes hacerlo a través de la intención, la meditación y una profunda conexión con tu propia esencia divina. Al reconocer a la Fuente como el origen primero de todas las cosas, te conviertes en un canal para las energías transformadoras.

Para acceder a las energías cósmicas de curación y equilibrio, es importante sintonizar con ellas. Puedes hacerlo a través de la meditación, la visualización y la intención. Aunque el tema de la «meditación» ya se ha tratado anteriormente, es importante contextualizarlo desde el punto de vista de la sanación, ya que esta práctica puede utilizarse para ayudar a personas que desconocen los métodos de Sanación Energética. En estas situaciones, tú eres el agente sanador, el portador del amor y de la solidaridad, actuando dentro de los principios de la Espiritualidad Cósmica.

Para acceder a las energías cósmicas de curación y equilibrio de forma específica y dirigida, es posible adaptar la visualización en función de la enfermedad concreta a la que se enfrenta la persona. La visualización es una herramienta poderosa para interactuar con la energía curativa y dirigirla a las zonas específicas del cuerpo que necesitan atención.

Por ejemplo. Si tú o alguien a quien necesitas ayudar os enfrentáis a una enfermedad, como un dolor crónico en una parte del cuerpo o una afección específica, puedes seguir este proceso de visualización durante la meditación.

Busca un lugar tranquilo y cómodo para meditar.

Como antes, cierra los ojos y comienza el proceso de relajación enseñado en páginas anteriores.

Cuando alcance un estado de relajación, concéntrese en la zona del cuerpo afectada por la enfermedad. Visualiza esta parte del cuerpo como una esfera de energía, puede tener un color específico, dependiendo de tu intuición.

Imagina una luz cósmica dorada, radiante y sanadora que fluye desde el universo directamente hacia la palma de tus manos.

Coloca las manos sobre la zona afectada, visualizando que la luz dorada se transfiere a la esfera de energía que representa la enfermedad.

Mientras mantiene las manos sobre la zona, visualice que la luz dorada envuelve y penetra en la esfera, irradiando calor y una sensación de curación y equilibrio.

Permanezca en esta visualización, permitiendo que la energía cósmica curativa actúe sobre la zona afectada, aportando alivio, relajación y una sensación de renovación.

Agradezca a las energías cósmicas la curación y continúe respirando profundamente para integrar plenamente la experiencia.

Es importante tener en cuenta que la visualización es una práctica personal y puede variar de una persona a otra. Lo más importante es que te sientas conectado con la energía y confiado en tu enfoque para ayudar en el proceso de curación de una enfermedad específica.

La Sanación por Rayos de Energía es una práctica espiritual profundamente valorada en la Espiritualidad Cósmica. Los rayos son canales de energía divina que fluyen por el universo, aportando cualidades específicas de curación, equilibrio y transformación a todas las dimensiones de la existencia. Cada rayo cósmico está representado por un color y lleva asociada una cualidad distinta.

El rayo azul es un símbolo de curación y protección. Al sintonizar con este rayo, es posible acceder a una energía regeneradora que disuelve los bloqueos, despeja las energías densas y proporciona una sensación de serenidad y protección a su alrededor. Visualizar el Rayo Azul envolviendo el cuerpo durante la meditación es una forma poderosa de permitir que esta energía curativa fluya por todo el ser, trabajando a niveles sutiles y profundos para restablecer el equilibrio y la armonía.

El Rayo Rosa es la representación del amor incondicional y la compasión. Al sumergirte en la energía del Rayo Rosa durante la meditación, abres tu corazón a un amor más profundo y compasivo, tanto hacia ti mismo como hacia los demás. Esta energía suave y bondadosa cura las heridas emocionales y fortalece los lazos de conexión con el mundo que te rodea, nutriendo las relaciones y aportando un sentido de unidad y armonía.

El Rayo Dorado es la expresión de la sabiduría y la iluminación espiritual. Visualizar el Rayo Dorado durante la meditación es un viaje en busca del conocimiento superior y la claridad mental. Esta energía brillante aporta perspicacia e inspiración, permitiéndole comprender cuestiones complejas con mayor discernimiento e integridad. Al sintonizar con el Rayo Dorado, expandes tu conciencia y conectas con la sabiduría interior, convirtiéndote en un canal para la iluminación espiritual.

El Rayo Verde de Sanación es un canal de energía que representa la renovación y restauración de la salud física, emocional y espiritual. Para sintonizar con este rayo durante la meditación, visualiza una luz verde que envuelve y penetra todas las partes de tu ser que necesitan curación. Esta energía verde revitalizante trabaja para equilibrar el cuerpo y la mente, proporcionando una sensación de bienestar y vitalidad.

El Rayo Violeta de Transmutación es una energía transformadora que aporta purificación y liberación de patrones negativos. Para incorporar el Rayo Violeta durante la meditación, puedes visualizarlo como una luz violeta que disuelve cualquier energía densa, karmas pasados o pensamientos limitantes. Esta energía alquímica te permite liberarte de cargas emocionales y espirituales, dejando espacio para el crecimiento y la evolución.

El Rayo Blanco de Pureza es una energía divina que representa la conexión con el Ser Superior y la sabiduría espiritual. Para visualizar el Rayo Blanco durante la meditación, puedes sintonizar con la esencia más pura de tu ser, permitiendo que la luz blanca penetre en todas las capas de la conciencia. Esta energía iluminadora aporta claridad, paz interior y una sensación de unidad con lo divino.

El Rayo Amarillo de la Iluminación es un canal de energía que representa la expansión de la conciencia y la búsqueda del conocimiento superior. Para conectar con este rayo durante la meditación, puedes visualizarlo como una luz amarilla brillante que irradia sabiduría y conocimientos sobre cuestiones espirituales y filosóficas. Esta energía amarilla estimula la mente, despertando su capacidad para discernir y comprender aspectos más profundos de la existencia.

El Rayo Naranja de la Creatividad es una energía que inspira la expresión creativa y la conexión con el poder de la imaginación. Al sintonizar con este rayo durante la meditación, puedes visualizar una vibrante luz naranja que activa tu creatividad interior. Esta energía naranja estimula la capacidad de manifestar nuevas ideas, proyectos y soluciones innovadoras en su vida.

La forma de visualizar estos rayos también es importante dentro de la Espiritualidad Cósmica: puedes visualizarte bañado por la luz del rayo o siendo golpeado por él. Ambos enfoques son válidos y pueden utilizarse según las preferencias personales y la intuición. La eficacia de la práctica no se limita a una sola forma de visualización, y ambas pueden aportar beneficios significativos. Exploremos más a fondo ambas opciones.

Visualización en baño de luz:

En este enfoque, la persona se visualiza inmersa y bañada en la luz del rayo cósmico específico. Puede imaginarse que esta luz fluye de arriba abajo, envolviendo todo su cuerpo y su campo energético. Esta visualización puede ser especialmente útil para quienes buscan la sensación de una inmersión profunda en la energía del rayo cósmico, como si se sumergieran en su esencia sanadora y transformadora.

Esta visualización permite a la persona sentirse envuelta y nutrida por la energía del rayo cósmico, proporcionando una sensación de conexión total con esta frecuencia curativa. La experiencia puede compararse a tomar un baño de luz purificadora, donde todas las áreas del ser se impregnan de esta energía revitalizadora.

Visualización de la Recepción del Universo.

En este enfoque, la persona se abre para recibir la energía del rayo cósmico que fluye directamente hacia ella desde el universo. Puede imaginarse a sí misma con los brazos y el corazón abiertos, permitiendo que la energía del rayo cósmico entre en su ser. Esta visualización puede ser especialmente poderosa para quienes desean experimentar una conexión más directa con el poder universal y el aspecto divino de la energía del rayo cósmico.

Esta visualización permite a la persona sentirse receptiva y abierta a recibir la energía del rayo cósmico como un regalo del universo. Es una práctica de entrega y confianza, en la que te entregas a la sabiduría curativa del rayo, permitiendo que actúe en tu ser de forma armoniosa y transformadora.

Ambas formas de visualización son muy eficaces y pueden alternarse o combinarse según las preferencias individuales. Lo importante es que la persona se sienta cómoda y en sintonía con la experiencia, permitiendo que la energía del rayo cósmico fluya libremente en su ser, aportando curación, equilibrio y expansión de conciencia. Practicando la visualización con intención, fe y entrega, experimentarás resultados profundos y positivos en tu viaje de autodescubrimiento y crecimiento espiritual.

Practicando la Sanación a través de los Rayos Cósmicos, abres un canal a la sabiduría divina y te conviertes en co-creador de tu propia sanación y evolución espiritual. Esta práctica es una oportunidad para conectar con el vasto universo de las energías sutiles, recordándote que eres un ser espiritual viviendo una experiencia humana con el poder de acceder y utilizar las energías para la sanación, para tu propio bienestar o el de las personas que están menos iluminadas espiritualmente.

Armonizar con las Estrellas y los Astros es otra práctica profundamente arraigada en la Espiritualidad Cósmica, donde poseen energías sutiles que influyen y ayudan en el proceso de curación. Puedes conectar con estas energías a través de la observación de los cuerpos celestes, la meditación y la intención. Al observar la belleza del cielo estrellado, tomas conciencia de tu conexión con el universo y permites que las energías estelares fluyan en tu ser, aportando equilibrio y renovación. También puedes utilizar cristales o piedras relacionados con las estrellas para amplificar y concentrar estas energías cósmicas.

Durante la meditación, puedes profundizar tu conexión con las estrellas. Visualiza tu energía expandiéndose más allá de tu cuerpo físico y conectando con la inmensidad del cosmos. Al hacerlo, permites que las energías estelares fluyan en tu ser, aportando una sensación de alineación y armonización con la sabiduría estelar.

Recuerda la importancia de la intención en este proceso. Al establecer la intención de conectar con las energías estelares para recibir sus bendiciones curativas, abres un canal para la transmisión de estas energías a tu vida. Esta intención consciente refuerza tu sintonía con el universo y te permite recibir sus influencias beneficiosas.

La armonización con las Estrellas en la Espiritualidad Cósmica está intrínsecamente ligada a las particularidades de la condición humana y a la influencia sutil y significativa que ciertos astros ejercen sobre nosotros. En esta práctica, las estrellas pueden asociarse a planetas que desempeñan papeles importantes en tu vida, mientras que las estrellas representan energías cósmicas más amplias que trascienden tu existencia terrenal.

En la Espiritualidad Cósmica, algunas de las estrellas que resuenan con las particularidades de la condición humana son:

El Sol:

Para entender la Espiritualidad Cósmica, la cuestión del Sol necesita una explicación más amplia. Se le considera una estrella central que va más allá de su papel físico como proveedor de luz y vida en la Tierra. Representa una poderosa fuente de energía vital, iluminación espiritual y fuerza interior. Sintonizarse con la energía del Sol es una práctica espiritual significativa, ya que aporta profundos beneficios al ser humano, que necesita comprender que su vida existe porque existe el Sol.

La energía solar está asociada al Yo Superior, el aspecto más elevado y espiritual del individuo. Al conectar con esta energía, se experimenta una mayor claridad mental, lo que ayuda a disipar la confusión y la incertidumbre. Además, el fortalecimiento de la conexión con el Yo Superior le permite acceder a la fuente de la sabiduría interior para obtener una comprensión más profunda de su propósito en la vida.

Al igual que el Sol es la fuente de la vida en la Tierra, desde la perspectiva de la Espiritualidad Cósmica, la energía solar se considera la base de los ciclos vitales espirituales. Los rayos del Sol son la representación simbólica de la luz que ilumina el camino espiritual del individuo, proporcionando crecimiento, evolución y renovación continua. No sólo nutren el cuerpo físico, sino también el espiritual, estimulando el desarrollo espiritual y el despertar de la conciencia.

Cuando sintonizas con la energía solar, experimentas una sensación de propósito y autenticidad, al alinearte con tu verdadera esencia interior y con la fuente de tu vida. Esta conexión con la fuerza vital del Sol también aporta una profunda sensación de vitalidad y entusiasmo por la vida, animándote a perseguir tus objetivos con determinación y confianza.

Dentro del intrincado sistema de la Espiritualidad Cósmica, el Sol es un punto fundamental para comprender la conexión entre la energía cósmica y la experiencia humana. Es una de las fuentes primarias de energía que influyen y moldean la existencia. Al honrar y alinearte con esta energía, accedes a un vasto potencial espiritual y te abres a un universo de posibilidades de crecimiento, comprensión y sanación.

La Luna:

La Luna ejerce una fuerte influencia sobre las emociones y los ciclos naturales. Se asocia con la intuición, la creatividad y la energía femenina. Al armonizar con la energía lunar, exploras las profundidades de tus emociones y accedes a la sabiduría intuitiva que reside en ti.

Mercurio:

Al armonizar con el planeta Mercurio, puedes conectar con la energía de la comunicación, la expresión y la mente analítica. Armonizar con Mercurio potencia las habilidades comunicativas, la claridad de pensamiento y la búsqueda del conocimiento.

Venus:

Venus es el planeta del amor, la belleza y la armonía. Al sintonizar con la energía de Venus, cultivas el amor incondicional hacia ti mismo y hacia los demás, y atraes relaciones y experiencias que promueven la armonía y la compasión.

Marte:

Al armonizar con el planeta Marte, accedes a la energía de la acción, la determinación y el coraje. Esta armonización potencia tu motivación y tu capacidad para afrontar retos, permitiéndote avanzar en tu camino con confianza.

Estrellas Alfa Centauri:

En la Espiritualidad Cósmica, las estrellas Alfa Centauri se consideran conexiones especiales con las energías Cósmicas. Armonizar con estas estrellas amplifica la conexión con la sabiduría cósmica, estimula la conciencia expandida y abre portales a la sanación espiritual.

Utiliza cristales y piedras preciosas para potenciar la armonización con las estrellas. Cada cristal tiene una energía única y está asociado a planetas o estrellas específicos. Coloque estos cristales alrededor de su cuerpo durante la meditación o utilícelos en joyas o amuletos para atraer y anclar las energías estelares en su vida cotidiana.

Sol:

Los cristales asociados con el Sol son el Citrino y el Topacio.

El Citrino es conocido por su energía solar, este cristal aporta alegría, vitalidad y claridad mental. Es un elemento que fortalece la conexión con el Ser Superior, aportando luz al camino espiritual.

El Topacio se asocia con el poder del Sol, ayudando a aumentar la confianza en uno mismo, aportando valor para afrontar los retos, haciendo que te muevas hacia el propósito de tu vida.

Luna:

Los cristales asociados a la Luna son el Cuarzo Rosa y la Piedra Lunar.

El Cuarzo Rosa representa el amor incondicional y es un cristal que armoniza las emociones y nutre las relaciones, abriendo el corazón a la compasión y a la conexión con el yo interior. La Piedra Lunar fortalece la intuición y la sensibilidad, es un cristal que permite explorar las profundidades de las emociones y acceder a la sabiduría intuitiva.

Mercurio:

Los cristales asociados a Mercurio son el Ágata Azul y la Sodalita.

El Ágata Azul facilita una comunicación clara y eficaz, ayudando a expresar ideas y pensamientos de forma objetiva y calmada. La Sodalita estimula la mente analítica, ayuda en la búsqueda del conocimiento, favoreciendo el discernimiento y la comprensión de las situaciones.

Venus:

Los cristales asociados a Venus son el Cuarzo Verde y la Rosa del Desierto.

El Cuarzo Verde te conecta con el amor y la curación, atrae la armonía a las relaciones y estimula un corazón abierto. La Rosa del Desierto refuerza la autoestima y la belleza interior, y también favorece la paz y la serenidad.

Marte:

Los cristales asociados a Marte son el Granate y la Cornalina.

El granate refuerza la fuerza de voluntad y la energía física, impulsa la acción y la capacidad de superar obstáculos. La Cornalina estimula el coraje y la motivación, ayuda a afrontar los retos y a avanzar con confianza.

Estrellas Alfa Centauri:

Las estrellas Alfa Centauri se consideran especiales en la Espiritualidad Cósmica. Para esta conexión, no existe un cristal específico, pero los cristales claros, como el cuarzo transparente o el cristal de cuarzo blanco, se utilizan para amplificar la conexión con las energías Cósmicas.

Al explorar la armonización con las estrellas, te abres a un viaje de descubrimiento personal y conexión con el universo. Mediante prácticas como la observación, la meditación y la intención, te alineas con estas energías cósmicas, permitiendo que fluyan en tu ser, aportando equilibrio, renovación y crecimiento espiritual. Al nutrir tu conexión con las estrellas, fortaleces tu viaje espiritual y te conviertes en un co-creador consciente de tu propia evolución.

Trabajar con Frecuencias Curativas es un viaje profundamente transformador que puedes explorar en tu práctica espiritual. Las vibraciones sonoras presentes en las frecuencias curativas tienen el poder de equilibrar y armonizar tu ser a niveles sutiles, promoviendo un estado de bienestar y conexión con la sabiduría cósmica.

Una de las técnicas más poderosas es el uso de mantras. Al repetir mantras curativos, permites que estas palabras sagradas resuenen en tu ser, creando un campo de energía positiva y transformadora a tu alrededor. Los mantras tienen el poder de desbloquear las energías estancadas, liberando cualquier tensión o bloqueo que pueda estar afectando a tu equilibrio emocional y espiritual.

Los cantos también desempeñan un papel importante en el trabajo con frecuencias curativas. Al permitir que tu voz se exprese a través de cantos y vocalizaciones, liberas energías estancadas, creando un espacio de renovación y armonía. La voz es un poderoso instrumento para transmutar energías y conectarte con la esencia de tu auténtico yo.

La música terapéutica es otra herramienta valiosa que puedes utilizar para trabajar con frecuencias curativas. La música especialmente diseñada para este fin tiene el poder de calmar la mente, relajar el cuerpo y elevar el alma. Estas melodías cuidadosamente seleccionadas crean un entorno favorable para la curación, abriendo el corazón para recibir las bendiciones de las energías cósmicas.

Al permitir que las frecuencias curativas penetren en tu ser a través de estas prácticas, te abres a un profundo viaje de transformación y equilibrio. La sanación se manifiesta en todos los niveles del ser: físico, emocional, mental y espiritual. Recuerda que la curación es un proceso continuo, y trabajar con frecuencias curativas es una forma poderosa de fortalecer tu conexión con el universo, alimentando la esencia divina que habita en ti. Al incorporar estas técnicas a tu rutina, te conviertes en un canal de sanación, permitiendo que la sabiduría del universo fluya a través de ti, aportando equilibrio, renovación y armonía a la vida.

# 25
# Centros de energía

Los chakras (mencionados anteriormente) son vórtices de energía situados en el cuerpo y desempeñan un papel vital en la salud física, emocional y espiritual. Actúan como canales energéticos que absorben, procesan y distribuyen la energía vital por todo el ser. Limpiar y armonizar estos centros energéticos es esencial para el equilibrio y el bienestar. Exploremos algunas de las prácticas y técnicas utilizadas en la Espiritualidad Cósmica para limpiar y armonizar los chakras.

Aunque cada uno de los chakras ha sido descrito anteriormente, por motivos didácticos, vamos a profundizar en el tema desde la perspectiva de su limpieza y armonización energética.

Pero antes, además de conocer cada uno de estos centros energéticos, es importante entender su relación con aspectos de la vida.

Como ya se ha mencionado, los chakras están situados a lo largo de la columna vertebral, desde la base hasta la parte superior de la cabeza, y cada uno de ellos está asociado a un color, una función y aspectos específicos de la existencia humana.

Chakra Raíz (Muladhara):

Situado en la base de la columna vertebral, en la región lumbar inferior, a la altura de la cintura, se asocia con la seguridad, la estabilidad y la conexión con la tierra. Su color es el rojo. Influye en la supervivencia, el sentido de pertenencia y los cimientos sólidos. La luz del Chakra Raíz se proyecta por la espalda, enraizándola firmemente a la tierra, lo que permite a la persona sentirse segura y protegida. El mantra asociado a este chakra es «LAM». Ayuda a fortalecer la conexión con la tierra y a promover la estabilidad y la seguridad en la vida.

Chakra Sacro (Swadhisthana):

Situado en la región por debajo del ombligo, el Chakra Sacro está relacionado con la sexualidad, la creatividad y la energía vital, su color es el naranja e influye en la expresión emocional, el placer y la fertilidad. El mantra asociado a este chakra es «VAM».

Chakra del Plexo Solar (Manipura):

Situado en la región del estómago, el Chakra del Plexo Solar está relacionado con el poder personal, la confianza en uno mismo y la manifestación de los objetivos, su color es el amarillo e influye en la fuerza de voluntad, la autoestima y la capacidad de tomar decisiones. El mantra asociado es «RAM».

Chakra del corazón (Anahata):

Situado en el centro del pecho, el Chakra del Corazón está relacionado con el amor, la compasión y la armonía, su color es verde o rosa e influye en las relaciones interpersonales, el perdón y el amor incondicional. El mantra asociado es «YAM».

Chakra Laríngeo (Vishuddha):

Situado en la garganta, el Chakra Laríngeo se asocia con la comunicación, la expresión personal y la creatividad verbal, su color es azul claro e influye en la capacidad de expresar la verdad, la autenticidad y la claridad de la comunicación. El mantra asociado es «HAM».

Chakra del Tercer Ojo (Ajna):

Situado entre las cejas, el Chakra del Tercer Ojo está relacionado con la intuición, la sabiduría interior y la percepción espiritual, su color es el índigo (azul marino) e influye en la intuición, la imaginación y la capacidad de visualización. El mantra asociado a este chakra es «OM» o «AUM».

Chakra de la Corona (Sahasrara):

Situado en la parte superior de la cabeza, el Chakra Coronario está relacionado con la espiritualidad y la conexión con lo divino, su color es violeta o blanco e influye en la conexión con el yo superior, la sabiduría trascendental y la búsqueda de la iluminación. El mantra asociado es «OM» o «AUM».

Al cantar o repetir los mantras, se dirige energía al chakra específico, lo que ayuda a equilibrarlo y a abrir vías para que la energía vital fluya libremente por el sistema energético. Recuerda que la pronunciación y el canto correctos de los mantras son importantes para obtener el máximo beneficio.

Al asociar la función y los colores de cada chakra con tus mantras, puedes trabajar para equilibrarlos, limpiarlos y purificarlos con el fin de fortalecer tu energía vital, promoviendo una vida más armoniosa y plena en todos los aspectos.

Existen varias prácticas para limpiar y purificar los chakras. Una técnica habitual es la visualización, en la que hay que imaginar una luz brillante y purificadora correspondiente al color del chakra bañándolo, eliminando bloqueos y energías estancadas mientras se canta el mantra. Puedes empezar por la base de la columna vertebral e ir subiendo, concentrándote en cada chakra por separado. Al visualizar la luz purificadora y cantar mantras relacionados con cada chakra, se refuerza la intención de limpiar y armonizar. Además, la práctica de la meditación, la respiración consciente, los baños de hierbas y los cristales también ayudan a limpiar los chakras.

Después de limpiar los chakras, es importante buscar el equilibrio y la armonización de estos centros energéticos. Cada chakra tiene una frecuencia vibratoria específica y cuando están desequilibrados causan problemas físicos, emocionales y espirituales. Para promover la armonización, puede utilizar técnicas como la meditación de los chakras, en la que se concentra en cada chakra para restablecer el flujo equilibrado de energía. También puede utilizar colores, sonidos, cristales y aceites esenciales asociados.

Limpiar y armonizar los chakras son prácticas que deben incorporarse a su rutina. Al igual que cuidas tu cuerpo físico y emocional, también debes cuidar tu energía y tus centros energéticos. Esto implica tomar conciencia de tus pensamientos, emociones y acciones, buscando la integridad y la autenticidad en todos los ámbitos de la vida. Además, dedicar tiempo regularmente a prácticas como la meditación, la respiración consciente, las visualizaciones y otras técnicas de limpieza y armonización de los chakras ayuda a mantener un estado de equilibrio y bienestar.

Limpiar y armonizar los centros energéticos es fundamental para la salud y el crecimiento espiritual. Al trabajar con los chakras, se desbloquea el flujo de energía, se favorece la curación, se refuerza la conexión con lo divino y se expande la conciencia. Recuerda que eres único, así que adapta estas prácticas a tu intuición y necesidades personales. Al cultivar la limpieza y armonización de los chakras, nutres todo tu ser y permites que tu energía fluya libremente, permitiéndote vivir una vida plena y llena de sentido.

## 26
# Alineación energética y estilo de vida

Aprende sobre la importancia de integrar la alineación energética con el estilo de vida en la Espiritualidad Cósmica.

Has aprendido sobre los conceptos de energía, chakras, meditación y técnicas para limpiar y armonizar los centros energéticos, ahora es el momento de entender cómo puedes incorporar estas enseñanzas y prácticas en tu vida diaria, transformándolas en un estilo de vida holístico e integrado.

Conciencia energética.

El primer paso para integrar la alineación energética en tu estilo de vida es desarrollar una conciencia energética constante. Esto significa ser consciente de tus propias energías, emociones y pensamientos, observando cómo afectan a tu bienestar general. A lo largo del día, tómate unos momentos para conectar con tu energía interior, observar tus emociones e identificar posibles bloqueos o desequilibrios. Esta práctica de autoobservación te permite ser más consciente de las áreas que necesitan atención y cuidado. Sin embargo, a muchas personas les resulta difícil establecer criterios de evaluación e identificar bloqueos y desequilibrios.

De forma didáctica, podemos decir que la conciencia energética es una práctica esencial para identificar bloqueos y desequilibrios en tu vida diaria. Para desarrollar esta conciencia, puedes seguir unos sencillos pasos.

A lo largo del día, tómate unos momentos para hacer una pausa y conectar contigo mismo. Puede ser un breve descanso entre tareas, unos minutos de meditación o incluso un tranquilo paseo por la naturaleza. Estos momentos de pausa te permiten sintonizar con tu energía interior y observar cómo te sientes.

Presta atención a tus emociones a lo largo del día. Identifica si te sientes feliz, triste, estresado, ansioso, etc. Las emociones son poderosos indicadores del estado de tu energía interna y pueden señalar posibles bloqueos o desequilibrios. Cada emoción tiene una resonancia energética única que refleja cómo te relacionas contigo mismo y con el entorno que te rodea. Las emociones están vinculadas a los chakras y cambiar tu estado emocional requiere limpieza energética y alineación del chakra correspondiente con las técnicas enseñadas en páginas anteriores. He aquí algunas emociones comunes que son indicadores de bloqueos o desequilibrios.

Alegría:

La alegría es una emoción positiva que indica que tu energía está fluyendo armoniosamente. Sentirse alegre suele sugerir un equilibrio saludable entre tus aspectos físicos, emocionales y espirituales.

Tristeza:

La tristeza está relacionada con el chakra del corazón e indica asuntos no resueltos relacionados con el amor y el perdón. También apunta al chakra del plexo solar, asociado con el poder personal y la confianza en uno mismo, ya que la tristeza es el resultado de desafíos a la hora de expresar tu verdadera esencia.

Estrés:

El estrés es una emoción común en la vida ajetreada, pero también indica que estás abrumado o desalineado en tus necesidades y límites. El estrés prolongado provoca bloqueos energéticos en diferentes áreas. Está relacionado con el chakra del plexo solar, indicando sobrecarga emocional y desalineación con los propios límites y necesidades.

Ansiedad:

La ansiedad sugiere que se está preocupado por el futuro o atascado en patrones mentales negativos. Indica un desequilibrio en el chakra laríngeo relacionado con la comunicación y la autoexpresión. Sentirse ansioso indica preocupación por el futuro o dificultad para expresar sus necesidades y emociones con claridad.

Ira:

La ira es un indicador de que estás reprimiendo emociones o enfrentándote a situaciones difíciles. Señala bloqueos en el chakra del plexo solar, relacionado con el poder personal y la confianza en uno mismo. La ira desencadena desequilibrios en el poder personal y el autocontrol, lo que indica problemas no resueltos relacionados con el perdón y la compasión.

El miedo:

El miedo revela que te sientes inseguro o amenazado en algún ámbito de la vida. Indica bloqueos en el chakra raíz, que está asociado con la seguridad y la estabilidad. Sentir miedo indica inseguridad o amenaza en algún área de la vida.

Culpabilidad:

Sentirse culpable sugiere que te estás sobrecargando o que llevas cargas emocionales del pasado. La culpa está relacionada con bloqueos en el chakra del corazón, que se asocia con el amor y el perdón, lo que indica asuntos no resueltos. También está relacionado con el chakra del plexo solar, lo que indica un exceso de recogimiento y falta de autoestima.

Este enfoque considera que diferentes emociones pueden estar relacionadas con diferentes chakras, ya que las experiencias emocionales son complejas y multifacéticas. Es importante recordar que la conexión entre emociones y chakras puede variar según la persona, por lo que la autoobservación continua y la honestidad sobre los propios sentimientos son fundamentales para identificar cómo se relacionan las emociones con los chakras y la energía general.

Practicar la atención plena también es una forma poderosa de desarrollar la conciencia energética. Al ser plenamente consciente del momento presente, te das cuenta de cómo las distintas situaciones, personas o entornos afectan a tu energía y bienestar.

Tu cuerpo es una valiosa fuente de información sobre tu energía interna. Observa si sientes tensión, dolor o malestar en algún lugar. Estos síntomas físicos son el reflejo de bloqueos o desequilibrios energéticos.

Lleva un diario o cuaderno para anotar tus observaciones y percepciones a lo largo del día. Anota cómo te sientes, qué emociones surgen en las distintas situaciones y qué patrones energéticos observas. Esta práctica ayuda a consolidar la conciencia energética y a identificar patrones recurrentes.

Pregúntate sobre tus emociones y tu energía. Por ejemplo: «¿Por qué me siento así?» o «¿Qué está causando este bloqueo?». Háblate a ti mismo con sinceridad y receptividad, buscando comprender más profundamente tus energías internas.

Cuando identifiques bloqueos o desequilibrios, busca formas de aportar armonía y equilibrio a tu energía. Esto puede incluir prácticas de meditación, respiración consciente, visualizaciones, ejercicios físicos, terapias energéticas o cualquier otra técnica que resuene contigo.

Recuerda que la conciencia energética es un proceso continuo que requiere práctica y paciencia. Cuanto más conectes con tu energía interior y observes tus emociones y pensamientos, más fácil te resultará identificar bloqueos y desequilibrios en tu vida cotidiana. Esta práctica no sólo permite el autoconocimiento, sino que también ofrece oportunidades de crecimiento personal y espiritual, promoviendo un mayor bienestar y armonía en la vida.

Una vez que seas consciente de tus energías, es hora de dedicar un tiempo precioso a las prácticas de alineación energética. Reserva un momento tranquilo en tu rutina para conectar con tu esencia interior y trabajar en el equilibrio de tus chakras, realineando tu energía de forma armoniosa. Las técnicas que aprenderás a lo largo del libro, como la meditación, la visualización y la respiración consciente, serán tus aliadas en este viaje.

Durante tus sesiones de meditación, permítete sumergirte en lo más profundo de tu ser, explorando cada chakra y sus energías específicas. Visualiza la luz purificadora que te envuelve, liberando los bloqueos y permitiendo que la energía fluya libremente. Concéntrate en cada chakra, desde la raíz hasta la coronilla, y siente cómo la energía se alinea y expande por todo el cuerpo.

Mientras practicas la visualización, imagínate rodeado de una luz brillante y acogedora, que nutre y fortalece tu campo energético. Visualiza tu aura brillando con intensidad, reflejando el equilibrio y la armonía que estás cultivando internamente.

La respiración consciente es otra herramienta poderosa para alinear tus energías. Tómate unos minutos para respirar profundamente, llevando tu atención a tu respiración, permitiendo que calme tu mente y apacigüe tus emociones. Al inspirar, imagina que estás absorbiendo energía vital y luz. Al exhalar, libera cualquier tensión acumulada o energía negativa.

Estas prácticas de alineación energética no sólo fortalecerán tu campo energético, sino que también aumentarán tu intuición y tu conciencia espiritual. Te sentirás más conectado contigo mismo y con el mundo que te rodea, encontrando un profundo equilibrio en todos los aspectos de la vida.

Además de las prácticas de alineación energética, es importante saber que la nutrición desempeña un papel crucial en la integración de esta alineación en tu estilo de vida. Presta atención al hecho de que todo lo que consumes, ya sea en términos de alimentos, pensamientos o influencias externas, tiene un impacto directo en tu energía. Por lo tanto, haga elecciones conscientes a la hora de seleccionar los alimentos, optando por aquellos que sean frescos, vibrantes y nutritivos, capaces de proporcionar al cuerpo la energía vital.

Dé prioridad a una dieta rica en nutrientes que favorezcan su salud física y energética. Coma frutas y verduras coloridas y variadas, ya que cada color representa diferentes beneficios para el cuerpo y la mente. Una dieta equilibrada y sana le proporciona la energía que necesita para sentirse fortalecido y vigorizado.

Además de nutrir tu cuerpo físicamente, presta atención a los pensamientos y emociones que albergas a diario. Cultiva una mentalidad positiva y cariñosa, y centra tu atención en pensamientos constructivos y edificantes. De este modo, creará un entorno interno favorable a la alineación energética, permitiendo que su energía fluya armoniosamente.

Sé amable contigo mismo y con los demás, intenta alejarte de los pensamientos negativos o autocríticos. En su lugar, busca formas de alimentar el amor y la aceptación de ti mismo, ya que estos sentimientos refuerzan tu conexión con la energía positiva.

El viaje de la alineación energética es único para cada individuo, es un proceso continuo de aprendizaje y crecimiento. A medida que te vuelves más consciente de tus elecciones alimentarias, pensamientos y emociones, construyes una base sólida para un estilo de vida energético positivo, promoviendo un mayor bienestar en todos los aspectos de la vida.

Otro aspecto fundamental para integrar la alineación energética en tu vida es crear un entorno físico y energético propicio para el crecimiento espiritual. Dedica tiempo a organizar y limpiar tu espacio, asegurándote de que esté libre de desorden y energías estancadas. La armonía en tu entorno se refleja directamente en tu energía interior, promoviendo un mayor equilibrio y bienestar.

Empiece por organizar sus pertenencias y deshacerse de los objetos innecesarios. Deshazte de los objetos que ya no te aportan alegría o utilidad, ya que acumulan energía estancada y dificultan el flujo energético en tu espacio. Al crear un entorno organizado y libre de desorden, permite que la energía fluya libremente, favoreciendo la alineación energética.

Además de la organización, utilice técnicas de limpieza energética para purificar el entorno. Fumar con hierbas sagradas, como la salvia o el palo santo, es una práctica ancestral eficaz para eliminar las energías negativas y revitalizar un espacio. Encendiendo el incienso de uno de estos elementos y esparciendo el humo por todos los rincones de tu casa, estarás liberando energías estancadas, aportando una sensación de renovación y claridad. Utiliza las siguientes hierbas sagradas para la limpieza energética:

Salvia blanca:

La salvia blanca es una hierba muy utilizada para la limpieza energética. Enciende una varilla de incienso de salvia blanca y deja que el humo purificador se esparza por la habitación, pasando por los rincones y espacios donde la energía pueda estar estancada. Mientras lo haces, concéntrate en la intención de liberar cualquier energía negativa para promover la armonía en tu espacio.

Romero:

El romero es conocido por sus propiedades limpiadoras y protectoras. Quema algunas hojas de romero o incienso y deja que el humo se esparza por la habitación. Mientras lo haces, visualiza que la energía negativa se disuelve y se sustituye por energía positiva y revitalizante.

Lavanda:

La lavanda es una hierba sagrada asociada a la paz, la relajación y el equilibrio. Utiliza aceite esencial de lavanda para crear un espray limpiador energizante. Mezcle unas gotas de aceite esencial de lavanda en agua destilada y pulverícelo en su entorno, visualizando que la energía se purifica y armoniza.

Albahaca:

La albahaca es una hierba sagrada que ayuda a limpiar y proteger el espacio. Pon unas hojas de albahaca fresca en un recipiente y déjalo en tu habitación. Además de desprender un agradable aroma, la albahaca ahuyenta las energías negativas, favoreciendo un ambiente de tranquilidad.

Otra forma de elevar la vibración de tu entorno es utilizar cristales en puntos estratégicos. Elige cristales que resuenen con tus intenciones y objetivos espirituales, como el cuarzo claro para la purificación, la amatista para la armonía y la protección, o el citrino para atraer la prosperidad y la abundancia. Coloca estos cristales en lugares donde su frecuencia sea más alta, como tu mesa de trabajo, tu dormitorio o tu zona de meditación.

Si dedicas tiempo y cuidado a crear un entorno físico y energético saludable, crearás un espacio acogedor para el crecimiento espiritual. Esto te ayuda a sentirte más conectado contigo mismo y con las energías del universo, ampliando tu capacidad de alineación energética y promoviendo un viaje espiritual significativo y enriquecedor. Recuerda que cada pequeño ajuste en tu entorno supone una gran diferencia para tu energía y bienestar general.

Aunque las propiedades de los principales cristales se enumeran en páginas anteriores, a continuación te presentamos algunos de los cristales que puedes introducir en tu entorno para potenciar tu energía y armonía.

Cuarzo blanco:

El cuarzo blanco es conocido por su capacidad para purificar y clarificar la energía. Coloca un cristal de cuarzo blanco en un lugar central de tu espacio para amplificar la energía positiva y neutralizar las influencias negativas.

Amatista:

La amatista es un poderoso cristal que eleva la vibración espiritual, fomentando la calma y la paz interior. Coloca un grupo de amatistas en tu entorno para crear una atmósfera de tranquilidad y conexión espiritual.

Citrino:

El citrino se asocia con la alegría, la prosperidad y la energía positiva. Coloca algunos cristales de citrino en zonas estratégicas de tu espacio para atraer la abundancia y la vitalidad.

Selenita:

La selenita es un cristal que promueve la limpieza energética y la claridad mental. Coloca una o más losas de selenita en tu entorno para ayudar a eliminar las energías negativas y estimular la armonía y el equilibrio.

Cristal de Sodio (Piedra de Sal)

El cristal de sodio, también conocido como piedra de sal, es un cristal natural que se encuentra fácilmente. Coloque pequeñas porciones de piedra de sal en un lugar significativo de su espacio para purificar la energía y aportar una sensación de limpieza y equilibrio. La piedra de sal tiene la propiedad de absorber las energías negativas del entorno, promoviendo una atmósfera de renovación y bienestar.

Integrar la alineación energética en tu estilo de vida también se extiende a la forma en que te relacionas con los demás y con tu comunidad. Intente cultivar relaciones sanas y equilibradas basadas en el respeto, la compasión y el apoyo mutuo. Valore las conexiones significativas con personas que compartan intereses espirituales similares y en las que pueda encontrar apoyo y ánimo.

Participar en grupos o comunidades con afinidades espirituales es una valiosa oportunidad para enriquecer tu camino espiritual. Al unirte a otras personas que buscan el crecimiento y la elevación espiritual, tienes la oportunidad de compartir experiencias, aprendizajes y prácticas, enriqueciendo tu propia comprensión y avanzando por el camino de la alineación energética.

Colaborar e intercambiar energías con otros en un espacio de apoyo y comprensión refuerza las convicciones espirituales y amplía los horizontes. Compartir y recibir conocimientos con empatía y apertura crea una atmósfera de crecimiento colectivo, en la que todos se nutren de las experiencias y percepciones de los demás.

Es importante darse cuenta de que integrar la alineación energética no es una práctica aislada, sino un enfoque holístico para vivir en armonía con el universo. Al incorporar esta conciencia y esta práctica a tu vida diaria, abres un espacio para el crecimiento espiritual y profundizas en la conexión con tu yo interior.

Esta búsqueda continua de una vida más armoniosa y significativa conduce a una conexión profunda con uno mismo, lo que permite que florezca el potencial espiritual. El proceso es transformador y proporciona crecimiento, bienestar y un mayor sentido de propósito en el viaje de la vida.

En este proceso, recuerda ser amable. El viaje espiritual es único, y es normal enfrentarse a retos y momentos de reflexión a lo largo del camino. Permítete crecer a tu propio ritmo, honrando tus necesidades e intuiciones.

## 27
# Manifestación consciente

Aprende sobre los principios de la manifestación consciente en la Espiritualidad Cósmica. Este es el proceso en el que creas intencionalmente la realidad que deseas, utilizando la energía, la intención y la conciencia como herramientas poderosas. Los Seres de Luz tienen una profunda comprensión de estos principios y ofrecen este valioso conocimiento sobre cómo puedes convertirte en un co-creador consciente de tu realidad.

Aunque este tema ha sido tratado en páginas anteriores, profundicemos un poco más.

En la Espiritualidad Cósmica, tus pensamientos e intenciones tienen un poder innegable en la creación de la realidad. Todo lo que existe en el universo es energía, y tus pensamientos e intenciones son formas de energía que envías al campo cuántico de la conciencia universal. Por lo tanto, para manifestar conscientemente, es esencial cultivar una conciencia elevada y dirigir tus pensamientos e intenciones hacia lo que quieres crear.

Al enfocar tu energía positivamente y en línea con tus valores y propósitos, empiezas a atraer experiencias y circunstancias que están en sintonía con tus intenciones.

Uno de los principios fundamentales de la manifestación consciente es la alineación vibratoria. Esto significa que, para manifestar tus deseos, debes vibrar en la misma frecuencia energética que lo que quieres atraer. Cuando estás en armonía vibracional con tus deseos, creas un campo de resonancia que permite que esos deseos y experiencias se manifiesten en tu vida. Por lo tanto, es importante cultivar emociones positivas, como la gratitud, la alegría y el amor, para liberar cualquier bloqueo energético que pueda impedir tu alineación vibracional. Prácticas como la meditación, la visualización y las afirmaciones positivas son útiles en este proceso de alineación.

En la Espiritualidad Cósmica eres parte de un universo interconectado e inteligente. La manifestación consciente no es sólo un acto individual, sino una co-creación con el Universo. Al establecer una asociación con el cosmos, abres el espacio para recibir orientación, sincronicidades y oportunidades que te ayuden a manifestar tus deseos de forma fluida y armoniosa. Para ello es necesario confiar en la sabiduría del Universo y estar dispuesto a actuar en consonancia con las señales y orientaciones que recibas. Al co-crear con el Universo, reconoces que tus deseos e intenciones pueden manifestarse de formas aún más sorprendentes de lo que imaginas.

Aunque es importante establecer intenciones claras y visualizar lo que quieres manifestar, también es esencial practicar el desapego y la confianza en el proceso. El apego excesivo al resultado crea resistencia y limita el flujo de energía. La confianza te permite abrirte a posibilidades que van más allá de tu comprensión actual, permitiendo que el Universo se manifieste de formas que pueden sorprenderte. Confiar y entregarse al flujo del Universo es un aspecto esencial de la manifestación consciente en la Espiritualidad Cósmica.

La manifestación consciente no sólo se basa en pensamientos e intenciones, sino que también requiere una acción inspirada e intuitiva. A medida que te alineas con tus intenciones y recibes la guía del Universo, eres llamado a actuar de una manera que sea congruente con estas intenciones. Esta acción es sutil y se basa en la intuición, llevándote a oportunidades y sincronicidades que te acercan a tus deseos. Es importante cultivar la conciencia y la receptividad para reconocer estas oportunidades y tener el valor de actuar cuando la intuición indique el mejor camino.

En la Espiritualidad Cósmica, la manifestación consciente se considera una habilidad natural, una expresión de tu poder como ser espiritual. Al comprender y aplicar los principios de la manifestación consciente, transformas tu vida y co-creas una realidad alineada con tu esencia más elevada. Recuerda que la manifestación consciente requiere práctica, paciencia y perseverancia. A medida que profundizas en este proceso, te vuelves más consciente de tu capacidad para crear y manifestar tus sueños.

## 28
## Visualización creativa

La práctica de la visualización creativa es el poder de centrarte en tu realidad deseada. La visualización creativa es una herramienta poderosa que te permite dirigir tu imaginación y energía hacia la manifestación de tus deseos más profundos. Los Seres de Luz conocen el potencial transformador de esta práctica y ofrecen una valiosa guía sobre cómo utilizarla para crear la realidad deseada.

La visualización creativa es la capacidad de formar imágenes mentales vívidas y detalladas que representan la realidad deseada. Cuando visualizas con claridad e intensidad, estás activando los mismos centros cerebrales que se activarían si estuvieras viviendo esa situación en tiempo real. Esta práctica estimula la mente subconsciente, que es la responsable de influir en sus creencias, emociones y comportamiento. Al visualizar repetidamente una realidad deseada, reprogramas la mente subconsciente para manifestar esa realidad en la experiencia consciente.

Para utilizar la visualización creativa con eficacia, es importante cultivar la claridad sobre lo que se quiere manifestar. Establecer objetivos claros y específicos te ayuda a dirigir tu energía y atención hacia la manifestación deseada. Cuanto más detalladas sean las visualizaciones, más poderosas serán. Al visualizar, puedes incluir no sólo imágenes, sino también sensaciones, emociones e incluso diálogos internos que estén alineados con la realidad deseada. De este modo, se crea una experiencia completa y envolvente en la mente, lo que permite que esta experiencia se manifieste en la realidad externa.

La visualización creativa requiere concentración y persistencia. Es importante reservar tiempo cada día para practicarla, creando un entorno tranquilo y propicio. Al comprometerte y dedicar tiempo y energía a la visualización, demuestras intención y compromiso con la manifestación de tus deseos. Cuanto más constante seas, más rápido verás los resultados. Aunque es normal que surjan dudas u obstáculos en el camino, es esencial mantenerse centrado en la realidad deseada.

Como se explicó anteriormente, las energías cósmicas capaces de traer lo que deseas del mundo energético al mundo físico están intrínsecamente ligadas al amor, por lo que una forma de alinear tu deseo con este concepto es proyectarlo hacia el bienestar común.

Al crear la imagen mental asociada al bien común, tu subconsciente despierta al principio básico de la espiritualidad, el amor, promoviendo un cambio en tu estado mental, alineando tu energía con la energía de la fuente que todo lo crea, por amor.

Para que esto sea más comprensible, supongamos que la materialización deseada es una mejora en su situación financiera. En este caso, visualice cómo puede contribuir al bien común cuando esta realidad se materialice. Por ejemplo, imagínese donando a organizaciones benéficas, comprando medicinas para quienes las necesitan, financiando tratamientos médicos para quienes no pueden permitírselos o donando alimentos a quienes pasan hambre. Puede parecer una forma egoísta de alcanzar el objetivo, pero esta visualización alinea tu deseo de materializarte con el principio básico de solidaridad, y esto cambia tu patrón mental. Pensar que este tipo de pensamiento es egoísta significa que estás atascado en patrones preestablecidos. Por desgracia, al 99% de las personas se les ha enseñado que los ricos no heredarán el Reino de los Cielos, por lo que su subconsciente lucha contra las formas de alcanzar niveles de conciencia más elevados. Tienes que superar estas ataduras, después de todo, ¿qué sería del planeta si todo el mundo fuera pobre?

De este modo, al manifestar tus deseos relacionados con la generosidad y el cuidado de los demás, contribuyendo a un mundo más amoroso y armonioso, abres la conexión con la energía que lo crea todo.

Una parte fundamental de la visualización creativa es la incorporación de emociones positivas asociadas a la realidad deseada. Al visualizar, debes permitirte sentir las emociones de alegría, gratitud y satisfacción que experimentarás cuando vivas esa realidad. Las emociones son una poderosa forma de energía y actúan como imanes que atraen experiencias similares. Cuanto más intensamente sientas estas emociones positivas durante la visualización, más rápidamente te alinearás con la realidad deseada y más preparado estarás para que se manifieste.

Al practicar la visualización creativa y centrarse en la realidad deseada, es importante cultivar la confianza y la entrega al Universo. Sepa que hay una inteligencia cósmica mayor en juego y que usted está co-creando con esta inteligencia. Debes confiar en que el Universo siempre te apoya y trabaja a tu favor, aunque los resultados no se manifiesten inmediatamente de la forma que esperas. La rendición permite que se revelen soluciones inesperadas y caminos más elevados, dejando espacio para una manifestación más allá de tus expectativas.

La visualización creativa y la concentración en la realidad deseada son prácticas poderosas de la Espiritualidad Cósmica. A través de ellas, puedes dirigir tu imaginación y energía hacia la manifestación de tus deseos más profundos. Al practicar la visualización creativa con claridad, concentración, persistencia y emociones positivas, alineas tu mente y tu corazón con la realidad que deseas crear. Con confianza y entrega al Universo, permites que el proceso de manifestación se desarrolle de forma mágica y sorprendente.

# 29
# Potenciar la manifestación

La energía cósmica es una alta frecuencia que tiene una conexión directa con la conciencia cósmica y sus tecnologías avanzadas. Esta energía es un poderoso aliado para la manifestación consciente de los deseos. Al alinearte con la energía cósmica, puedes amplificar y acelerar el proceso de manifestación, trayendo lo que deseas a tu realidad.

Para mejorar la manifestación con la energía cósmica, es importante establecer una conexión consciente con esta energía. Puedes hacerlo a través de la meditación, la visualización u otras prácticas espirituales ya mencionadas en este libro. Al sintonizarte con la energía Cósmica, abres un canal de comunicación y colaboración con los Seres de Luz, sabiendo que están listos para ayudarte en tu viaje de manifestación.

La frecuencia Cósmica es una frecuencia de amor, sabiduría y poder creativo. Para mejorar la manifestación, es importante elevar tu vibración y alinearte con esta frecuencia. Puedes conseguirlo cultivando pensamientos positivos, practicando la gratitud, cuidando de tu bienestar físico y emocional y manteniendo una intención clara centrada en tus deseos. Cuanto más sintonices con la frecuencia cósmica, más armonizado estarás con el flujo de la manifestación.

Quizás no sea muy explicativo hablar de frecuencia sin explicar la diferencia entre esta frecuencia y el significado comúnmente conocido del término.

En términos didácticos, «Frecuencia Cósmica» se refiere a un nivel o patrón específico de energía, o vibración asociada con conceptos de amor, sabiduría y poder creativo. En este contexto espiritual, la frecuencia no es una medida de ciclos repetitivos por unidad de tiempo, como normalmente la entendemos en términos físicos. En su lugar, es una referencia metafórica que describe el estado energético y emocional en el que te encuentras.

Imagina que cada emoción, pensamiento e intención tiene una «vibración» o cualidad energética. Por ejemplo, los sentimientos de amor y gratitud tienen una vibración alta y positiva, mientras que los sentimientos de ira y tristeza tienen una vibración más baja y densa. La frecuencia cósmica representa un estado elevado de energía en el que predominan los sentimientos de amor, sabiduría y poder creativo.

La diferencia entre este sentido de la frecuencia y la frecuencia física es que la frecuencia Cósmica no está relacionada con una medida de tiempo u ondas como normalmente la asociamos. En su lugar, es una forma de describir el estado emocional y energético de una persona, haciendo hincapié en la importancia de cultivar pensamientos y sentimientos positivos para alinearse con esta frecuencia superior.

Para mejorar la manifestación, es decir, para hacer realidad tus deseos e intenciones, se sugiere que sintonices con la frecuencia cósmica, elevando tu vibración a un estado más positivo y armonioso. Esto se consigue practicando pensamientos positivos, agradeciendo las cosas buenas de la vida, cuidando de su bienestar físico y emocional y centrándose claramente en sus deseos y objetivos.

Cuanto más te alineas y sintonizas con la frecuencia cósmica, más en armonía estás con el flujo de la manifestación, lo que hace más probable que tus intenciones y deseos se hagan realidad. Este enfoque espiritual hace hincapié en el poder de la energía y las emociones en tu vida, y en cómo puedes dirigirlas para crear una realidad más positiva y alineada con tus objetivos.

Los Seres de Luz son conocidos por tener acceso a las fuerzas que facilitan la manifestación y la sanación. Puedes conectar con estos seres energética e imaginativamente, y también puedes visualizar estas fuerzas en formas de luz y utilizarlas para amplificar tus procesos de manifestación. Esta práctica refuerza tu conexión con la energía cósmica y aumenta tu poder de manifestación.

Para visualizar la energía Cósmica y conectar con los Seres de Luz, puedes imaginarte en una cámara especial de sanación. Cierra los ojos y respira profundamente para relajarte y concentrarte. Visualízate en un espacio rodeado de luz blanca brillante, que representa la energía Cósmica de alta vibración.

En esta cámara cósmica de sanación, siéntase envuelto por una energía amorosa y poderosa, capaz de acelerar la manifestación de sus deseos. Sienta cómo esta energía penetra en cada célula de su cuerpo, aportándole una sensación de equilibrio, armonía y curación.

Imagina que esta energía cósmica está en sintonía con tus deseos más profundos y tus intenciones más claras. Visualiza tus objetivos y sueños materializándose delante de ti, como si los trajera a la realidad una luz, fácil y rápidamente.

Siéntete conectado con la sabiduría y el poder creativo de la energía cósmica, permitiendo que amplifique tus procesos de manifestación. Siéntete seguro y confiado en este espacio energético, sabiendo que tienes acceso a las fuerzas que crean tu realidad deseada.

Cuando conectes con la energía cósmica, te darás cuenta de cómo aumenta tu poder de manifestación. Siéntete capacitado para hacer aflorar tus deseos más auténticos y manifestarlos de forma alineada y armoniosa.

Mantén esta imagen mental todo el tiempo que desees, absorbiendo la energía Cósmica y sintiéndote fortalecido por esta conexión energética. Cuando abras los ojos, llévate contigo la sensación de empoderamiento y confianza, sabiendo que tienes la capacidad de manifestar tus sueños con el apoyo de la energía Cósmica.

Una intención clara es fundamental para la manifestación consciente. Debes tener claro lo que quieres manifestar y mantener tu intención firme y centrada en ese objetivo. Al trabajar con la energía Cósmica, puedes fortalecer tu intención, permitiendo que sea impulsada por la energía de alta frecuencia de los Seres de Luz. Es importante recordar que la intención debe estar alineada con el bien mayor de todos los implicados.

Una de las muchas maneras de alcanzar el estado de manifestación consciente es crear una imagen mental de lo que quieres manifestar después de un momento de meditación (ya explicado en páginas anteriores). Mientras mantienes esta imagen, ábrete a la energía Cósmica disponible. Imagina una corriente de luz blanca brillante que viene del espacio, trayendo consigo sabiduría y poder de manifestación. Esta energía te rodea y te llena de fuerza y determinación.

Recuerda que cuando manifiestas tus deseos, éstos pueden repercutir en el conjunto, así que busca siempre el beneficio común.

Permanece en el momento presente, confiando en el flujo de energía cósmica que trabaja en sintonía con tu intención. Cree en tu capacidad para co-crear tu realidad y sabe que, con claridad, enfoque y alineación, estás en el camino correcto y tus sueños se manifestarán conscientemente.

Practica esta conexión energética, con una intención clara, permitiendo regularmente que la energía cósmica refuerce el proceso de manifestación. A medida que seas más consciente de esta poderosa colaboración entre tu intención y la energía Cósmica, estarás cultivando una relación significativa con la manifestación consciente.

Los Seres de Luz están listos para ayudarte en tu viaje de manifestación. Puedes invitarles a ser tus compañeros de co-creación compartiendo tus deseos y objetivos y solicitando su ayuda. Puedes pedir guía, claridad y señales que te ayuden a seguir el camino de la manifestación. Al abrir esta comunicación y confiar en la sabiduría y el apoyo de los Seres de Luz, mejoras el proceso de manifestación que permite que soluciones creativas y armoniosas se manifiesten en tu realidad.

Potenciar la manifestación con energía Cósmica es una oportunidad para acelerar el proceso de creación consciente. Al conectar con la energía Cósmica, elevas tu vibración, alineándote con una frecuencia de amor, sabiduría y poder creativo. Utilizando las tecnologías Cósmicas, fortaleces tu intención y claridad, co-creando con los Seres de Luz en la búsqueda de materializar tus deseos más elevados. Al integrar este enfoque en tu práctica diaria, experimentas una manifestación más rápida y fluida que está alineada con tu verdadera esencia.

# 30
# Co-creación Alineada

La co-creación, como se mencionó anteriormente, es un proceso poderoso en el que te unes al Universo para manifestar tus deseos, creando una realidad alineada con tu propósito. Esto implica explorar quién eres, tus valores, pasiones y dones únicos. Cuando estás alineado con tu propósito, tus deseos de manifestación son una extensión natural de la conexión. Al sintonizar con tu propósito, abres espacio para que la co-creación tenga lugar de una manera auténtica y significativa.

La claridad sobre tus deseos es un aspecto fundamental de la co-creación. Esto implica identificar lo que realmente quieres manifestar. La idea de manifestación suele llevarnos a imaginar algo tangible, concreto. Sin embargo, es esencial recordar que puedes desear manifestar una mayor claridad espiritual, bienestar para ti o para los demás, e incluso la manifestación de la felicidad.

Es importante dirigir tus deseos dentro del ámbito de lo posible, no porque haya limitaciones a lo que puedes desear manifestar, sino para evitar frustraciones. Por ejemplo, desear que un elefante bata las alas puede ser inalcanzable en la realidad. Al ser específico y detallado al describir tus deseos, facilitas la comunicación con el Universo. La claridad en tus deseos dirige tu energía e intención hacia lo que realmente importa, permitiendo que la co-creación tenga lugar de forma más efectiva, en línea con el Flujo Universal.

Armonizar con el Flujo Universal implica estar en conexión con el flujo natural de energía e información que impregna el universo. Es como navegar en un río de posibilidades y sincronicidades. Para comprender mejor el concepto de Flujo Universal, piensa en la analogía de una corriente: cuando te alineas con ella, eres transportado suavemente en la misma dirección que el flujo de agua, sin esfuerzo.

Imagínate como parte de un vasto sistema interconectado en el que todo está en constante movimiento e interacción. En este sistema, hay una inteligencia mayor, un orden divino que guía y coordina todos los acontecimientos y circunstancias. Este orden cósmico es el Flujo Universal, la corriente.

Estar en armonía con el Flujo Universal significa estar en sintonía con la inteligencia mayor, confiando en que todo sucede en el momento adecuado y de la manera correcta. Esto no significa que no tengas libre albedrío, sino que tus elecciones están guiadas por una sabiduría mayor que está en armonía con el todo.

Para alinearte con el Flujo Universal, es importante cultivar la conciencia del momento presente. Mantente abierto y receptivo a lo que ocurre en tu vida, prestando atención a las oportunidades y señales que te envía el universo. Esto requiere estar presente y consciente, dejando ir las preocupaciones del pasado o las ansiedades del futuro.

Otro aspecto fundamental es confiar en ti mismo y en tus intuiciones. A veces, el Flujo Universal puede parecer desafiante o llevarte por caminos inesperados, pero confía en que todo está contribuyendo a tu crecimiento y aprendizaje. Cree en tu capacidad para afrontar las situaciones que se presenten y tomar decisiones en consonancia con tus propósitos y valores.

Co-crear en armonía con el Flujo Universal es más que manifestar tus deseos personales; se trata de crear una vida con sentido que esté alineada con el todo. Esto requiere la humildad de reconocer que formas parte de algo más grande y que tu viaje está conectado con otras personas, con el planeta y con el universo físico y extrafísico.

Practica la gratitud y la aceptación, reconociendo que todo lo que ocurre en tu vida forma parte de un plan mayor. Al vivir en armonía con el Flujo Universal, experimentas fluidez, propósito y bienestar, te conviertes en un cocreador consciente de tu propia realidad.

La confianza es un elemento clave en la co-creación. Debes confiar en el proceso y en el poder del Universo para guiar y manifestar tus deseos. Esto implica soltar la necesidad de control y estar dispuesto a rendirse al flujo de la vida, a la corriente. Cuando confías y te rindes, abres espacio para que la co-creación se despliegue de formas mágicas y sorprendentes.

Aunque la co-creación implica confiar en el poder del Universo, también es importante emprender acciones inspiradas hacia tus deseos. Estas acciones están guiadas por la intuición y alineadas con un propósito. Al actuar de forma inspirada, demuestras tu compromiso y deseo de co-crear tu realidad. Recuerda que la co-creación es una colaboración entre tú y el Universo, y ambas partes juegan un papel activo en este proceso.

La gratitud es fundamental para la co-creación. Cuando expresas gratitud por lo que ya tienes y por las manifestaciones que están en camino, estás sintonizando tu vibración con el poder del amor y el agradecimiento. La gratitud también fortalece tu conexión con el Universo y te pone en un estado de recepción, permitiendo que la co-creación fluya armoniosa y abundantemente.

La co-creación alineada con el propósito y la armonía es una forma poderosa de manifestar deseos y crear una realidad significativa. Al conectar con tu propósito, clarificas tus deseos. Al estar en armonía con el flujo universal, confías y te rindes, tomas acciones inspiradas y expresas gratitud, haciendo espacio para que la co-creación fluya en tu vida.

# 31
# Niveles de conciencia

La Espiritualidad Cósmica es un enfoque que reconoce la existencia de múltiples niveles de conciencia y la importancia de explorarlos en el viaje espiritual. Es importante avanzar en tu comprensión para identificar cómo estos niveles de conciencia se relacionan con tu experiencia vital.

El nivel más básico de consciencia es la consciencia cotidiana, que se centra en las tareas y retos diarios. En este estado, te ocupas principalmente de tus necesidades físicas, emociones e interacciones sociales. Aunque este nivel de conciencia es necesario para hacer frente a las exigencias prácticas de la vida, tiende a ser limitado y superficial.

Más allá de la conciencia cotidiana, está el nivel de conciencia de uno mismo, en el que empiezas a cuestionarte tu identidad y tu propósito más profundo. En esta etapa, tomas conciencia de ti mismo como ser único que busca comprender tu relación con el mundo que te rodea. La autorreflexión y el autoconocimiento son aspectos clave de este nivel de conciencia.

Por otro lado, la conciencia expandida es un nivel superior en el que empiezas a trascender tu identidad individual, conectando con una conciencia más amplia y universal. En este estado, experimentas una sensación de unidad con todo lo que existe, reconociendo que formas parte de un todo interconectado. Prácticas como la meditación, la contemplación y los estados alterados de conciencia te ayudan a acceder y explorar este nivel expandido.

En el nivel más elevado de conciencia, conocido como conciencia cósmica, puedes conectar con la sabiduría y la inteligencia del universo. Hay muchos nombres para esta sabiduría, algunas religiones la llaman Dios. En este estado, experimentas una profunda comprensión de la naturaleza y la realidad, trascendiendo los límites del tiempo y el espacio. Es en este nivel donde accedes a información y percepciones que van más allá de la comprensión racional, con una visión más clara de tu propósito espiritual.

En la Espiritualidad Cósmica, la conciencia es un estado que se alinea con los principios y enseñanzas transmitidos por los Seres de Luz. Esta conciencia enfatiza la compasión, la sanación, la sabiduría cósmica y el servicio a los demás. Es un estado de conciencia que te conecta con la energía y la frecuencia vibratoria de los Seres de Luz, permitiéndote recibir guía y apoyo en tu viaje espiritual.

Explorar los diferentes niveles de conciencia en la Espiritualidad Cósmica ofrece la oportunidad de crecer, expandirte y alinearte con tu verdadera naturaleza espiritual. A medida que profundizas en esta exploración, experimentas una mayor claridad, paz interior y conexión con algo más grande que tú mismo.

## 32
# Expansión de la conciencia

La expansión de la conciencia es un tema central en la Espiritualidad Cósmica, que reconoce la importancia de elevar la conciencia para lograr una comprensión profunda de ti mismo, de los demás y del mundo que te rodea. Por lo tanto, es importante explorar la expansión de la conciencia en profundidad, tanto a nivel individual como colectivo, destacando su importancia y beneficios en el viaje espiritual para la evolución de la humanidad en su conjunto.

La expansión de la conciencia individual se refiere al proceso de elevar la percepción y la comprensión más allá de los límites de la conciencia cotidiana. Implica buscar el autoconocimiento, explorar creencias y patrones de pensamiento y abrirse a nuevas perspectivas y posibilidades. Al expandir la conciencia individual, experimentas un mayor sentido de propósito, una conexión con tu esencia espiritual y una visión más amplia de la vida.

Expandir la conciencia individual es un camino fascinante y transformador que te permite explorar las profundidades del ser que conecta con la inmensidad del universo. Una de las formas más poderosas de emprender este viaje es mediante la práctica regular de la meditación. La meditación es una técnica que conduce a un estado de quietud mental, permitiéndote trascender los pensamientos al sumergirte en un espacio de pura presencia.

Durante la meditación, te conviertes en un observador atento de tu mente, observando los sentimientos y las sensaciones físicas, sin juicios ni apegos. Al calmar la agitación mental, se abre espacio para una mayor percepción intuitiva, accediendo a la sabiduría interior que a menudo queda oscurecida en medio del ruido de la vida cotidiana. Esta práctica no sólo amplía la conciencia individual, sino que también es beneficiosa para la salud mental y emocional, ya que reduce el estrés y aumenta la claridad mental.

Además de la meditación, explorar diferentes tradiciones espirituales y estudiar filosofías son también herramientas valiosas para expandir la conciencia. Cada tradición espiritual ofrece perspectivas únicas sobre la vida, el propósito y la conexión con lo divino. Al sumergirte en distintas enseñanzas espirituales, puedes encontrar inspiración, comprensión profunda y respuestas a tus propias preguntas existenciales.

Sin embargo, es importante recordar que la expansión de la conciencia es un proceso continuo y personal. Cada persona tiene su propio ritmo. Es esencial estar abierto y receptivo, permitiendo que tu conciencia se expanda de forma natural. La práctica regular de la meditación y la exploración de diferentes tradiciones y filosofías espirituales son sólo algunos de los caminos posibles para este crecimiento.

Al expandir tu conciencia individual, te abres a nuevas perspectivas y comprensiones más profundas, estableciendo una conexión más íntima con el universo y contigo mismo. Este viaje de expansión es enriquecedor y transformador, y te lleva a un estado más consciente, empático y conectado con la grandeza de la existencia.

Además de la conciencia individual, también se puede expandir la conciencia colectiva. La conciencia colectiva se refiere a la energía y la conciencia compartidas por un grupo de individuos o incluso por la humanidad en su conjunto. Cuando muchos individuos se unen con un objetivo común, elevan su conciencia creando una poderosa sinergia que afecta positivamente a la conciencia de todos.

La expansión de la conciencia colectiva implica crear una mayor conciencia de unidad, compasión y cooperación. Es el reconocimiento de que todos estamos interconectados y de que nuestras acciones y pensamientos tienen un impacto más allá de nosotros mismos. Al elevar la conciencia colectiva, se promueve la sanación, la transformación y el despertar espiritual a escala global.

Practicar meditación en grupo, rituales de conexión espiritual y participar en comunidades conscientes son algunas de las formas de contribuir a expandir la conciencia colectiva. Además, la difusión del conocimiento, los valores positivos y las actitudes compasivas desempeñan un papel fundamental en la transformación de la conciencia colectiva.

La expansión de la conciencia, tanto individual como colectiva, aporta numerosos beneficios al viaje espiritual y a la evolución de la humanidad en su conjunto. Algunos de estos beneficios son

Mayor claridad y comprensión sobre tu verdadera esencia espiritual;

Desarrollo de una visión más amplia de la vida y del propósito personal;

Profundización de las conexiones interpersonales y relaciones más significativas;

Una sensación de paz interior y armonía;

Capacidad para afrontar mejor los retos y la adversidad;

Mayor empatía y compasión por los demás;

Contribución a la creación de un mundo más consciente y armonioso.

La expansión de la conciencia individual y colectiva no se produce de la noche a la mañana. Es un proceso continuo de crecimiento, aprendizaje y autodescubrimiento. Requiere dedicación, práctica y apertura para explorar más allá de los límites de la conciencia convencional. Al comprometerte en este viaje de expansión de la conciencia, no sólo enriqueces tu propia vida, sino que también contribuyes a la evolución de la humanidad en su conjunto.

La expansión de conciencia permite el acceso a estados superiores de percepción, la comprensión de tu verdadera esencia espiritual, contribuyendo a la evolución de la humanidad. Este libro es una invitación para que continúes tu viaje de expansión de conciencia compartiendo los beneficios de esta experiencia con el mundo que te rodea.

# 33
# Dimensiones Superiores y Seres de Luz

La Espiritualidad Cósmica habla de la existencia de dimensiones superiores habitadas por Seres de Luz, así que exploremos la importancia y los beneficios de conectar con estas dimensiones y conozcamos prácticas que te ayudarán en este viaje.

Según la Espiritualidad Cósmica, el universo está formado por muchas otras dimensiones además de la física en la que vives. Estas dimensiones superiores son reinos de conciencia superior, donde la energía es más sutil y las leyes de la realidad son diferentes de las que experimentas en tu plano terrenal.

Conectarse a las dimensiones superiores significa abrirse a la posibilidad de interactuar con Seres de Luz, guías espirituales y otras formas de conciencia que residen en estas dimensiones. Esta conexión aporta percepciones, guía espiritual y un mayor sentido de propósito en el viaje.

Los Seres de Luz son entidades espirituales que habitan en las dimensiones superiores y se caracterizan por la sabiduría, el amor incondicional y el deseo de ayudar a la humanidad a crecer espiritualmente. Estos seres se presentan bajo diferentes formas, como ángeles, arcángeles, maestros ascendidos o guías espirituales.

Conectar con los Seres de Luz es una fuente de inspiración, sanación y apoyo en el viaje espiritual. Ofrecen orientación, protección y ayuda en las prácticas espirituales. Al establecer una relación consciente con estos seres, abres las puertas a la recepción de mensajes, sabiduría y energía amorosa.

Existen varias prácticas que te ayudan a conectar con las dimensiones superiores y los Seres de Luz, siendo la meditación una de ellas. Dedicando un tiempo regular a la meditación, fortaleces tu conexión espiritual, abriendo las puertas a la comunicación con los Seres de Luz.

Mediante la visualización creativa puedes crear un espacio sagrado en tu mente e invitar a los Seres de Luz a que te ayuden en tu viaje. Puedes imaginarte en un lugar tranquilo y seguro, y luego establecer una intención clara de conectar con Seres de Luz para recibir orientación.

Desarrollar la intuición y la percepción energética te ayuda a reconocer la presencia de los Seres de Luz y a recibir sus mensajes. Al practicar la escucha interior y sintonizar con las energías sutiles que te rodean, te vuelves más receptivo a la guía que recibes.

Realizar rituales y ceremonias sagradas crea un espacio favorable para conectar con las dimensiones superiores. Puedes crear un altar, encender velas, quemar incienso o hacer oraciones e invocaciones para invitar a los Seres de Luz a que te acompañen durante estos momentos especiales.

Al desarrollar una conexión consciente con las dimensiones superiores y los Seres de Luz, experimentas una serie de beneficios. Los Seres de Luz ofrecen orientación, conocimientos y sabiduría espiritual para ayudarte en tu viaje evolutivo.

La conexión con los Seres de Luz facilita los procesos de sanación emocional, mental y espiritual, liberando patrones limitantes para que alcances un estado de equilibrio y plenitud.

Los Seres de Luz irradian amor incondicional y, al conectar con ellos, experimentas este amor profundo y transformador en tu vida.

Conectar con dimensiones superiores y Seres de Luz te ayuda a descubrir cómo vivir de acuerdo con tu propósito más elevado, proporcionándote dirección y claridad respecto al camino a seguir.

Conectar con las dimensiones superiores y los Seres de Luz es una parte esencial de la Espiritualidad

Cósmica. Al abrirte a estas dimensiones sutiles, estableciendo una relación consciente con los Seres de Luz, recibes guía espiritual, sanación y transformación en tu viaje personal. Este libro te invita a explorar estas prácticas desarrollando tu propia conexión con las dimensiones superiores y los Seres de Luz, permitiendo que tu vida sea guiada por la sabiduría y el amor de las dimensiones superiores.

## 34
# ADN Espiritual
## El Despertar de la Conciencia Cósmica

La Espiritualidad Cósmica conoce el potencial humano para activar el ADN espiritual y despertar la conciencia cósmica. En este proceso puedes involucrarte en prácticas que estimulen esta activación para la expansión de la conciencia.

Según la Espiritualidad Cósmica, el ADN espiritual es un aspecto de nuestro código genético que contiene información de naturaleza espiritual y multidimensional. Este ADN está formado por hebras adicionales a las dos hebras físicas que reconoce la ciencia convencional.

A lo largo de los siglos, el ADN espiritual de la humanidad ha permanecido en gran medida latente, limitando nuestra percepción de la realidad y nuestro potencial como seres espirituales. Sin embargo, con la evolución de la conciencia humana llega la posibilidad de reactivar estos filamentos, permitiéndonos acceder a estados expandidos de conciencia y experimentar la realidad de una manera amplia y profunda.

Como se ha explicado anteriormente, el despertar de la conciencia cósmica se refiere a la expansión de la percepción más allá de los límites del yo individual y de la realidad física. Es la capacidad de conectar y reconocer la interconexión con el Universo, comprendiéndose a uno mismo como parte de una vasta red de energía y conciencia.

Este despertar permite acceder a información y sabiduría que va más allá del conocimiento convencional, abriendo la comunicación con Seres de Luz, guías espirituales e inteligencias cósmicas, haciendo experimentar estados de unidad, amor incondicional y conciencia expandida.

Existen diversas prácticas que ayudan en el proceso de activación del ADN espiritual y el despertar de la conciencia cósmica.

La meditación es una herramienta poderosa que calma la mente y abre la conexión con tu esencia espiritual. A través de la práctica de la meditación, accedes a estados de conciencia expandida, permitiendo que la energía fluya libremente y estimulando la activación del ADN espiritual.

La visualización creativa también puede utilizarse para conectar con imágenes y símbolos que representan tu conexión con el cosmos.

Pasar tiempo en la naturaleza también es una forma eficaz de conectar con el flujo natural de la vida sintonizando con las energías cósmicas. Pasear por el bosque, meditar al aire libre o simplemente estar en contacto con la belleza de la naturaleza te recordará tu conexión con el universo, despertando la conciencia cósmica en tu interior.

Los sonidos, los mantras y la música con frecuencias específicas se utilizan para estimular y despertar la energía del ADN espiritual. Los sonidos sagrados, como el OM, crean resonancia en tu sistema activando partes dormidas del ADN espiritual.

El despertar de la conciencia cósmica aporta una serie de beneficios a tu vida y evolución espiritual. Algunos de estos beneficios incluyen

Expansión de la percepción:

A medida que despiertas a la conciencia cósmica, tu percepción se expande más allá de los límites del yo individual, permitiéndote interconectarte con todas las cosas y comprender la naturaleza multidimensional de la realidad.

Al abrirte a la conciencia cósmica, tienes acceso a información y sabiduría que va más allá del conocimiento convencional. Esto te permite tomar decisiones más acordes con tu propósito al recibir orientación de fuentes superiores.

El despertar de la conciencia cósmica te conecta con la esencia del amor incondicional, permitiéndote experimentar y compartir este amor de forma más plena y compasiva.

Al expandir la conciencia cósmica, también aumentas tu capacidad de manifestar intencionadamente tus deseos, creando la realidad alineada con tu propósito más elevado.

La activación del ADN espiritual y el despertar de la conciencia cósmica son procesos fundamentales. Al abrirte a las dimensiones superiores de tu existencia, expandes tu percepción, accedes a una sabiduría y guía superiores, experimentas el amor incondicional y manifiestas conscientemente tu realidad deseada.

# 35
# Integrando la Expansión de Conciencia

La expansión de la conciencia (como se ha comentado en páginas anteriores) es un aspecto fundamental del viaje espiritual. A medida que te abres a niveles superiores de percepción y comprensión, te vuelves capaz de experimentar la realidad de un modo más profundo y significativo.

Expandir la conciencia implica ampliar tu percepción y comprensión de la realidad. Al ir más allá de los límites de la conciencia ordinaria, puedes acceder a información, percepciones y experiencias que van más allá de la comprensión de tu yo limitado.

Esta expansión se produce a través de prácticas espirituales, meditación, conexión con la naturaleza, encuentros transformadores o experiencias de trascendencia. A medida que tu conciencia se expande, comienzas a experimentar una mayor conexión con lo divino, un sentido de unidad con el todo y una comprensión más profunda de tu propósito y significado en la vida.

Aunque la expansión de la conciencia es una experiencia poderosa, es igualmente importante integrar esta expansión en la vida cotidiana. La integración consiste en trasladar a la vida cotidiana las percepciones, aprendizajes y experiencias de la expansión de conciencia, permitiendo que transformen tus acciones, elecciones e interacciones.

Sin una integración adecuada, la expansión de conciencia se convierte en una experiencia aislada, desconectada de la realidad. La verdadera transformación se produce cuando integras estas nuevas perspectivas en tu forma de ser y de vivir, incorporándolas a tus relaciones, trabajo, prácticas espirituales y estilo de vida.

Hay varias prácticas que te ayudan a integrar la expansión de conciencia en tu viaje espiritual.

Tómate tiempo regularmente para reflexionar sobre tus experiencias de expansión de conciencia. Pregúntate cómo puedes aplicar esas experiencias a tu vida. Considera qué ideas y aprendizajes puedes aportar a tus interacciones, elecciones y prácticas espirituales.

Utiliza prácticas de anclaje para llevar la expansión de conciencia al cuerpo físico y al momento presente. Algunos ejemplos son la meditación de enraizamiento, los ejercicios de respiración consciente, los paseos por la naturaleza o cualquier actividad que te ayude a conectar con el cuerpo y el aquí y ahora.

Muchas de las opciones mencionadas en el párrafo anterior ya se han tratado en páginas anteriores, pero creo que es importante entrar en más detalles sobre el anclaje y el enraizamiento, para que tu comprensión del tema sea completa.

El anclaje es una práctica que pretende llevar la expansión de la conciencia al cuerpo físico y al momento presente. Es una forma de conectar con la realidad aquí y ahora.

Para llevar a cabo el anclaje, puedes seguir estos pasos:

Busca un lugar tranquilo y cómodo para sentarte o estar de pie.

Cierra los ojos y respira profundamente unas cuantas veces para relajarte y calmar la mente.

Centra tu atención en la respiración, observando cómo entra y sale el aire.

A continuación, lleva tu atención a los puntos de contacto entre tu cuerpo y el suelo o la superficie sobre la que estás de pie. Siente la sensación de apoyo y estabilidad que proporciona el contacto con el suelo.

Mientras te concentras en los puntos de contacto, visualiza raíces que salen de tu cuerpo y se extienden hasta el núcleo de la Tierra.

Permanece en esta sensación de conexión durante unos minutos, sintiéndote anclado al momento presente.

El anclaje es una técnica sencilla y poderosa que puede practicarse a diario para encontrar la calma, el equilibrio y la presencia en medio del ajetreo cotidiano.

El enraizamiento, por su parte, es una práctica similar, pero más centrada en la conexión con la Tierra y la energía de la naturaleza. Es una forma de sentirse enraizado, seguro y conectado con la energía de la Tierra.

Para llevar a cabo el enraizamiento, sigue estos pasos:

Empieza por encontrar un lugar tranquilo y cómodo para sentarte o estar de pie.

Cierra los ojos y respira profundamente unas cuantas veces para relajar el cuerpo y calmar la mente.

Imagina que desde la base de la columna vertebral o de los pies crecen raíces profundas hacia el núcleo de la Tierra.

Siente cómo estas raíces se extienden y entrelazan con la energía de la Tierra, como las raíces de un árbol.

Visualiza la energía nutritiva y poderosa de la Tierra subiendo a través de tus raíces y llenando todo tu cuerpo con una sensación de seguridad y estabilidad.

Permanece en esta visualización manteniendo la sensación de enraizamiento durante unos minutos, sentado conectado y equilibrado con la Tierra.

El enraizamiento es una técnica que te conecta con la energía de la naturaleza, recordándote tu conexión con el mundo que te rodea. Es una práctica poderosa que te mantiene centrado y enraizado en medio de los cambios y retos de la vida. Al enraizarte, reconoces que la Tierra es la cuna de la vida física, el único lugar donde lo físico y lo espiritual se manifiestan de forma consciente. Recuerda que tu cuerpo físico pertenece a la Tierra y que volverás a ella.

En este proceso de enraizamiento, estableces una profunda conexión con la Tierra, como las raíces de un árbol que se extienden y entrelazan en el suelo. Esta conexión nutre y fortalece tu energía y te proporciona una sensación de seguridad y estabilidad en tu viaje espiritual.

Al mentalizar tu conexión con la Tierra, reconoces la importancia de honrar y respetar la naturaleza, ya que es el soporte de toda vida física. Esta conciencia te recuerda tu responsabilidad de cuidar de tu entorno y de todas las formas de vida que lo habitan.

Practicar con regularidad el enraizamiento aporta una sensación de paz interior, equilibrio y conexión con el presente. Cuando te sientes enraizado, estás mejor preparado para afrontar los retos de la vida con claridad y confianza. Al permanecer conectado con tu esencia y tu propósito, conectas con aquello que te da vida.

# 36
# Armonía de la Naturaleza con el Universo

Vivir en armonía con la naturaleza y el universo es una búsqueda profunda y significativa para muchos buscadores espirituales. Tu conexión con la naturaleza y el cosmos es intrínseca, y cuando reconoces y honras esta conexión, experimentas un profundo sentido de pertenencia y equilibrio.

Uno de los primeros pasos para vivir en armonía con la naturaleza y el universo es reconocer la interconexión de todo. Date cuenta de que eres parte integrante del vasto tejido de la vida y de que cada ser vivo y elemento natural desempeña un papel importante en esta red interdependiente. Al adoptar esta conciencia, desarrollarás el respeto por todas las formas de vida y por el equilibrio ecológico.

La gratitud es una poderosa práctica espiritual que ayuda a cultivar un sentido de aprecio y conexión. Dedica un tiempo cada día a expresar tu gratitud por la belleza y la abundancia de la naturaleza que te rodea.

Esto puede hacerse mediante una simple pausa para admirar el paisaje, dando gracias por los alimentos que comes o incluso escribiendo un diario de gratitud dedicado a la naturaleza. Esta práctica de gratitud crea un profundo vínculo con el mundo natural, recordándote tu responsabilidad de protegerlo.

La naturaleza posee una profunda sabiduría y una serie de ciclos que rigen el funcionamiento del universo. Al observar estos ciclos y aprender de ellos, ajustas tu estilo de vida para estar en sintonía con la armonía natural. Observa las estaciones, el movimiento de las mareas, la salida y puesta del sol, y cómo los animales y las plantas se adaptan a estos cambios. Al sintonizar con estos ritmos naturales, ajustas tus actividades y prácticas espirituales para estar más en consonancia con el flujo del universo.

Vivir en armonía con la naturaleza también implica una relación consciente con los recursos naturales. Cuando utilices recursos como el agua, la energía y los alimentos, hazlo con conciencia y moderación. Intenta reducir el consumo excesivo, reutiliza y recicla siempre que sea posible y opta por fuentes de energía renovables. Tomando estas medidas, contribuyes a preservar los recursos naturales y el equilibrio del planeta.

La Tierra es un ser vivo y sagrado, y es importante honrar esa sacralidad. Busca formas de conectar con la Tierra de forma reverente y respetuosa.

Pasa tiempo al aire libre, camina descalzo por la hierba, abraza árboles o celebra ceremonias de gratitud en espacios naturales. Estas prácticas refuerzan tu conexión con la Tierra y reconocen la presencia divina en toda la creación.

Asume la responsabilidad de ser un guardián de la naturaleza, cuidar el medio ambiente y defender los derechos de los seres vivos. Participa en iniciativas de conservación, apoya a organizaciones ecologistas, sé un ejemplo de prácticas sostenibles. Actuando como guardián de la naturaleza, contribuyes a la preservación del planeta y a un futuro más equilibrado y saludable.

Vivir en armonía con la naturaleza y el universo es un viaje de conciencia, conexión y respeto. Al reconocer esta interconexión y adoptar prácticas de gratitud, aprendizaje y cuidado consciente, te alineas con el flujo del universo, convirtiéndote en un agente de cambio positivo. Que estas prácticas te inspiren a vivir en armonía con la naturaleza, honrando y preservando la belleza y la sabiduría del mundo natural.

# 37
# Relaciones

Conexiones profundas

En el viaje espiritual, las relaciones desempeñan un papel fundamental en el crecimiento, el aprendizaje y la transformación. A medida que buscas una conexión más profunda con tu yo interior y con lo divino, también buscas conexiones significativas y auténticas con los demás.

Las relaciones son como espejos que reflejan tu viaje de crecimiento y autoconocimiento. Cada persona que entra en tu vida trae consigo valiosas lecciones y oportunidades de aprendizaje. Estos encuentros están llenos de significado, ya que te enseñan a practicar el amor, la compasión, la paciencia y el perdón, habilidades fundamentales para el desarrollo espiritual.

Al relacionarte con los demás, te sientes desafiado e inspirado a enfrentarte a aspectos de ti mismo que puedes ignorar o evitar. Estas experiencias ayudan a expandir tu conciencia, permitiéndote comprender mejor quién eres y cómo interactúas con el mundo que te rodea.

Las relaciones son una fuente constante de crecimiento y aprendizaje, ya que cada persona con la que te relacionas te enseña algo nuevo sobre ti mismo y sobre la vida. A través de las interacciones con los demás, tienes la oportunidad de enfrentarte a tus miedos, desafiar tus creencias limitantes y superar tus debilidades.

Además, las relaciones te ofrecen apoyo, ánimo y celebración a medida que avanzas en tu viaje espiritual. Conoces a personas que te apoyan en tus objetivos y te animan a seguir adelante, incluso en los momentos más difíciles. Estas relaciones positivas te ayudan a sentirte más seguro y decidido en tu búsqueda del crecimiento personal.

Es importante recordar que las relaciones no son sólo lo que puedes recibir, sino también lo que puedes dar. Al practicar el amor y la compasión en tus relaciones, creas un espacio seguro y acogedor para los demás, permitiéndoles crecer y desarrollarse también.

Por lo tanto, al nutrir y valorar las relaciones en tu vida, reconoces el poder transformador que tienen en tu viaje espiritual. Cada relación, ya sea a corto o largo plazo, aporta una gran cantidad de experiencias y aprendizajes que te ayudan a convertirte en un ser humano más consciente, compasivo y cariñoso.

Da prioridad a las relaciones que te nutran y apoyen tu crecimiento espiritual. Busque personas que compartan intereses similares, como valores y visiones del mundo. Busque contactos con personas que le inspiren, animen y desafíen a expandir su conciencia. Puede tratarse de amigos, parejas, mentores espirituales o miembros de comunidades espirituales.

Cultiva la empatía en tus relaciones, tratando de comprender las perspectivas de los demás y mostrando auténtica compasión. La empatía es la capacidad de ponerse en el lugar del otro y comprender sus experiencias y sentimientos. El amor incondicional es otro aspecto importante. Amar a los demás sin juicios ni expectativas, reconociendo la esencia divina que reside en cada uno, permitiéndoles ser quienes son.

Compartir experiencias espirituales con los demás fortalece los vínculos y crea un sentimiento de comunidad y apoyo mutuo. Busca formas de compartir tus conocimientos, prácticas espirituales e historias de transformación con personas afines. Esto puede hacerse a través de conversaciones sinceras, la participación en grupos de estudio espiritual, retiros o eventos de intercambio espiritual.

Los retos en las relaciones son oportunidades para crecer y sanar. A veces pueden surgir conflictos, malentendidos y situaciones desafiantes en tus relaciones. Considera estos momentos como invitaciones para profundizar en tu comprensión, practicar el perdón, desarrollar la paciencia y buscar soluciones amorosas. Los retos relacionales pueden catalizar un mayor crecimiento espiritual si se afrontan con conciencia y voluntad de aprender.

Recuerda que el viaje interior es la base de unas relaciones sanas y significativas. Cuanto más profundamente conectado estés contigo mismo y con tu propia espiritualidad, más auténticamente podrás relacionarte con los demás. Dedica tiempo al autocuidado, las prácticas espirituales, la meditación y la autorreflexión. Al cultivar tu propio crecimiento espiritual, tendrás más que ofrecer a las relaciones que cultives.

Construir y mantener relaciones profundas y significativas es una parte esencial del viaje espiritual. Al conectar con los demás de forma auténtica y afectuosa, creas un campo de apoyo y crecimiento mutuos. Cultivar relaciones enriquecedoras, practicar la comunicación consciente y compartir experiencias espirituales contribuye a tu propia expansión y al florecimiento de todos los implicados.

# 38
# Servicio a los demás

En el camino espiritual, el servicio a los demás desempeña un papel fundamental. Es a través del amor y la generosidad como puedes expresar tu conexión con lo divino y contribuir al bienestar colectivo.

El servicio a los demás es una expresión de compasión y amor altruista. Es el acto consciente de dedicar tiempo, energía, habilidades y recursos para beneficiar y ayudar a los demás. El servicio no se limita a acciones grandiosas, sino que puede expresarse en simples gestos de amabilidad.

Cada uno de nosotros tiene dones y habilidades únicos que ofrecer. Descubre tus pasiones, intereses y talentos y encuentra la manera de utilizarlos al servicio de los demás. Pregúntate cómo puedes utilizar tus habilidades para marcar la diferencia en la vida de las personas.

La generosidad es otro aspecto esencial del servicio. Sé generoso con tu tiempo, atención, recursos y amor. Esté dispuesto a compartir lo que tiene, ya sea material o emocional. La generosidad no consiste sólo en dar cosas tangibles, sino también en ofrecer compasión, comprensión y apoyo emocional.

Un acto de amor y servicio es estar presente y escuchar con empatía cuando alguien comparte sus experiencias, retos o alegrías. Tómese el tiempo necesario para estar plenamente presente, escuchar con atención y ofrecer apoyo. A veces, todo lo que la gente necesita es alguien que la escuche y la comprenda.

Una forma poderosa de servir a los demás es a través del voluntariado y la participación en comunidades. Busca organizaciones o grupos que coincidan con tus pasiones y valores y ofréceles tu tiempo y tus habilidades. Esto podría implicar trabajar en albergues, ayudar en campañas de recogida de alimentos, participar en proyectos de conservación del medio ambiente, entre muchas otras cosas.

No subestimes el poder de los pequeños actos de bondad. Una sonrisa, una palabra amable, un gesto de ayuda o una escucha atenta pueden marcar una diferencia significativa en la vida de alguien. Busca oportunidades diarias para practicar pequeños actos de amor y generosidad en tus relaciones, en el trabajo o en tu comunidad.

Aunque el servicio a los demás es esencial, también es importante recordar que hay que cuidar de uno mismo. Dedica tiempo a cuidarte, a recargarte de energía y a alimentar tu propio camino espiritual. Si cuidas de ti mismo, estarás más capacitado para servir a los demás de forma significativa y sostenible.

Al practicar el servicio a los demás y realizar actos de amor y generosidad, expandes tu conciencia y conectas con la esencia más profunda de la espiritualidad cósmica. Al servir, te conviertes en un canal para el amor divino, fortaleciendo la red de conexión que une a todos los seres en algo más grande. Recuerda que el servicio no es una obligación, sino un privilegio y una oportunidad para crecer y contribuir a un mundo mejor.

# Agradecimientos

Al llegar al final de este libro, quiero expresar mi profunda gratitud a ti, lector, que te has dedicado a explorar este contenido embarcándote en un viaje espiritual. Ha sido un honor compartir contigo estos conocimientos y reflexiones.

En este viaje, hemos tratado diversos temas relacionados con la Espiritualidad Cósmica, desde la sanación y el equilibrio energético hasta la manifestación consciente y la expansión de la conciencia. Espero sinceramente que las palabras de este libro hayan tocado tu vida de alguna manera, inspirándote y guiándote en tu propio camino espiritual.

Recuerda, la búsqueda espiritual es un viaje individual y único, y es un privilegio poder acompañarte en parte de tu viaje. Recuerda que tienes un inmenso poder en tu interior y que la conexión con lo divino es siempre accesible. Mantente abierto, curioso y comprometido con tu crecimiento personal y espiritual.

También me gustaría expresar mi gratitud a los Seres de Luz que nos inspiran y nos guían. La energía cósmica y otras formas de sabiduría nos proporcionan una comprensión más profunda de nosotros mismos, del universo y de nuestra conexión con todo lo que es.

También quiero dar las gracias a quienes han contribuido directamente a la creación de este libro, desde los investigadores y estudiosos que han compartido sus conocimientos hasta los editores, diseñadores y equipo editorial que han ayudado a dar forma a estas palabras.

Por último, me gustaría expresarle mi gratitud a usted, lector, por dedicar su tiempo y energía a este libro. Espero que la información y las prácticas compartidas te hayan sido de utilidad en tu viaje espiritual. Que continúen inspirando e iluminando tu camino, permitiéndote conectar con tu esencia divina y manifestar tu verdadera naturaleza cósmica.

Si has sentido la llamada a profundizar aún más en la Espiritualidad Cósmica, recuerda que esto es sólo una parte del vasto conocimiento disponible. Sigue explorando, estudiando y practicando. Deja que tu intuición te guíe y sigue el camino que resuene con tu corazón.

Que este libro haya sembrado semillas de transformación y despertar en tu vida. Que te haya ayudado a expandir tu conciencia, aportándote claridad y comprensión. Y que sigas adelante, inspirado y empoderado, creando una realidad alineada con tu esencia más auténtica.

Con amor, luz y gratitud.

www.ingramcontent.com/pod-product-compliance
Lightning Source LLC
LaVergne TN
LVHW040049080526
838202LV00045B/3557